财政部规划教材
全国中等职业学校财经类教材

物业管理基础

徐　俊　主编

中国财政经济出版社

图书在版编目（CIP）数据

物业管理基础/徐俊主编．—北京：中国财政经济出版社，2008.2
财政部规划教材．全国中等职业学校财经类教材
ISBN 978－7－5095－0219－8

Ⅰ．物…　Ⅱ．徐…　Ⅲ．物业管理－专业学校－教材　Ⅳ．F293.33

中国版本图书馆 CIP 数据核字（2008）第 015860 号

中国财政经济出版社 出版
URL：http：//www.cfeph.cn
E－mail：cfeph @ cfeph.cn

社址：北京市海淀区阜成路甲 28 号　邮政编码：100036
发行处电话：88190406　财经书店电话：64033436
北京财经印刷厂印刷　各地新华书店经销
787×1092 毫米　16 开　10.5 印张　215 000 字
2008 年 2 月第 1 版　2008 年 2 月北京第 1 次印刷
印数：1—3 060　定价：18.00 元
ISBN 978－7－5095－0219－8/ F·0180
（图书出现印装问题，本社负责调换）

编写说明

本书是财政部规划教材，由财政部教材编审委员会组织编写并审定，作为全国中等职业学校财经类教材。

近年来，随着我国房地产投资体制、土地使用制度和住房分配制改革的不断深化，房地产业得到持续高速的发展。伴随这一发展过程，现代物业管理作为一个新兴的行业应运而生，并发展迅猛。今天，人们已经能够普遍认识到物业管理对社会经济的促进、对人民生活水平的提高，对促进各种物业资产的运转所发挥的积极作用，物业管理已成为城市中近一半居民不可缺少的服务内容。

同时，物业管理领域为社会提供了大量的就业机会，国家已将物业管理从业人员资质要求纳入劳动准入制度体系，形成了相对规范的就业市场。在众多物业管理岗位中，物业管理员等初级服务管理岗位劳动者成为中等职业教育财经商贸类专业人才培养的一个重要方向。

“物业管理基础”是中等职业学校物业管理专业学生必修的专业基础课程，也是中等财经商贸类专业学校可以重点考虑的一个专门化培养方向。本教材同时也可作为从事物业管理服务和管理人员的专业参考书。

本教材力求从中职人才培养的基本规格出发，注重体现物业管理在物业管理员层次应掌握和了解的基础知识、基本服务内容与规范以及基本技能要求。为了培养学生分析问题、解决问题的能力，我们在每章安排有典型案例分析，并适时插入小知识、小案例、小图片等模块，以丰富教材内容。

全书共八章，由武汉市财政学校徐俊同志担任主编，并负责第一章、第二章、第五章的编写及全书统稿与定稿；东北财经大学高等职业技术学院杨洁老师担任副主编，并负责第三章、第四章的编写；四川省财经学校李跃进老师负责第六章和第七章的编写；山东省济南第九职业中专学校赵玲老师负责第八章的编写。武汉市财政学校郑彬同志担任本书主审。

本书编写过程中得到了湖北省双环房地产开发公司倪卫民总监的技术指导，并对教材结构设计与编写思路提出了宝贵意见。武汉市财政学校王翔同志给予了从参考书目资料至过程组织等方面的有力支持。谨在此表示诚挚的谢意！

由于中等职业学校物业管理专业教材建设仍属于一个新兴的专业领域，编者自身水平、能力也存在欠缺，书中疏漏之处在所难免，敬请专家和读者给予批评指正。

编　者

2008 年 2 月

目　录

第一章 *DIYIZHANG*

概　述

学习目标

☐ 掌握物业管理的基本概念、主要特点

☐ 理解物业管理工作的意义和作用，明确物业管理的类型、宗旨和原则

☐ 了解物业的基本类型及其与房地产、不动产的关系和我国现有物业管理主要法规

第一节　物业管理的基本概念

物业管理不同于一般的产业，它是一个新兴的、重要的服务行业，其直接经营管理的物业资产比其他任何部门的固定资产都要多，物业管理的好坏直接影响着社会、经济、环境等各方面的效益，对城市建设和房地产业发展具有非常重大的意义。

一、物业与物业管理

（一）物业

"物业"一词的英文为 Real Estate 或 Real Property，是由香港传入内地，成为现在被普遍接受并应用的一个专有名词，它是指单元性的房地产（可指单元性的地产，也可指单元性的建筑物），确切地说是指已建成并投入使用的各类房屋建筑及其附属设施、设备和相关场地。

1. 物业的内涵。

- 已建成并具有使用功能和经济效用的各类供居住和非居住的屋宇；
- 与这些屋宇相配套的设备和市政及公用设施；
- 屋宇的建筑（包括内部的各项设施）和相邻的场地、庭院、停车场、小区内的非主干交通道路。

近年来随着物业管理业务领域的拓展，公园、电视塔、码头、水电大坝、游轮、航空母舰改造的游乐场所等皆已成为物业管理的对象。物业是一个具有弹性的概念，可以根据区域空间、所有权属等作相对划分。如根据用途，物业可以分

为住宅公寓（小区）、写字楼、商铺、酒店旅馆、娱乐场所、金融大厦、工业厂房、停车场、车站、码头、仓库以及文化馆、影剧院、体育场、学校、医院等。而且，物业具有位置固定、不可移动的自然属性，所以通常又被称为不动产。就其根本性质而言，物业又只是房地产业进入消费领域的房地产商品，是房地产业在消费领域的延伸。

提示：

物业是指已建成并投入使用的各类房屋及与之相配套的附属设施和相关的场地。物业包括房业和地业，附属设施及相关场地是指房屋室内外各类设备、公共市政设施及相邻的庭院绿化、道路、场地等。

2. 物业的特点。

（1）整体性。土地是建筑物的载体，附着的建筑物离不开土地；未经开发利用的土地，地上没有附着建筑物，则不成为物业。因此，物业是土地及其附着建筑物的统一整体，两者缺一不可。

（2）固定性。房屋等建筑物是建筑在一定的土地地块上，由于地块的地理位置是不可移动的，因此，决定了建筑物的固定性。

（3）长期性。就使用寿命来说，现代混凝土结构的建筑物（房屋、道路、管道、停车场等）一般可使用几十年甚至上百年。对城市居民来说，房屋是一种超耐用的消费品，很多人终身不变地居住于某套房屋，甚至延续几代人。同时，构成物业的土地使用权是长期的。因此，物业的使用周期具有长期性的特点。

（4）多用性。从用途上看，物业可以供居住、生产、商业活动、办公、娱乐消遣等，用途广泛，形式多样。因此，要对不同用途、不同形式的物业进行有针对性的管理。

（5）商品特殊性。物业是一种商品，有其价值和使用价值，可以用来交换。物业商品的特殊性表现在：首先，业主拥有产权的不完全性。一般商品，其所有者享有完全意义上的产权（包括所有权、占有权、使用权、收益权和处置权等），但对物业商品而言，由于土地所有权归国家所有，因此，业主所拥有的物业产权中，地产的所有权归国家所有。其次，物业商品价值决定的特殊性。物业作为一种商品，从本质上讲，其价值是投入建筑物生产过程的人类劳动的凝结，是由建造物业所需的社会必要劳动时间决定的。但由于土地是物业的直接构成要素，其价值理所当然地成为物业价值的组成部分之一。所以，物业的价值包含建筑物本身的造价和建筑地块土地部分的价值。物业价值中，建筑物和土地的价值运动规律不相一致，往往是土地价值的运动规律超越建筑物价值的运动规律，比如，有的建筑物（如房屋）已严重老化，失去其价值，但土地却可能保值甚至增值。此外，物业所包含的价值量较大。物业的这种特殊的价值构成，对物业管理提出了特殊的要求。

（6）保值增值性。土地的数量是一定的，随着社会的发展和人口的增加，人类对土地的需求也不断增加；同时，随着工业化和城市化水平的提高，城市经济越来越繁荣，不仅城市的物业，就是郊区的物业也会随之提高其身价。

（二）物业与房地产、不动产的关系

在我国经济高速发展的今天，在各种媒体中“物业”、“房地产”、“不动产”三个名词频频出现，且常常被交替使用。三者之间有着什么样的联系与差异呢？

房地产是房产和地产的总称，指土地及土地上的建筑物、附着物。房地产本质上是指以土地和房屋作为物质存在形态的财产。这种财产是指寓含于房地产实体中的各种经济利益以及由此而形成的各种权利，如所有权、使用权、租赁权、抵押权等。

“不动产”是指土地及附着在土地上的人工建筑物和房屋。房地产由于其位置固定，不可移动，通常又被称为“不动产”。从广义的“房地产”概念来说，“房地产”与“不动产”是同一语义的两种表述。房地产的表述倾向于表明这种财产是以房屋和土地作为物质载体，而不动产的表述侧重于表明这种财产具有不可移动这一独特属性，但两者所指的是同一对象。

从以上的分析可以看出，“物业”、“房地产”、“不动产”三个概念虽有内在的紧密联系，然而内涵不完全相同，归纳起来，主要区别有：

1. 称谓领域不同。就一般情况而言，“不动产”是民法惯常使用的词汇，“房地产”则是经济法和行政法及商事实务中较常用的称谓，而“物业”仅仅是房地产领域中单元性的房地产概念的别称。

2. 适用范围不同。“房地产”与“物业”在某些方面可通用（如基于狭义房地产概念），但“物业”一般多指一个单项的“物业”单位（如单项的房产、地产）或一个独立的房地产公司（也称“物业公司”）；而“房地产”是指一个国家、地区或城市所拥有的房产和地产。因此，从宏观的角度来看，一般只用“房地产”而非“物业”。如“房地产业”不可以“物业”代替，“房地产体制改革”也不可用“物业体制改革”代替。

3. 概念外延不同。一般而言，“房地产”概念的外延是包括房地产的投资开发、建造、销售、售后管理等整个过程。“物业”有时也可用来指某项具体的房地产，然而，它只是指房地产的交易、售后服务这一使用阶段或区域。所以，两者有宏观与微观之别，有全体与部分之差。

（三）物业管理

根据我国现行的《物业管理条例》规定：“物业管理是指业主通过选聘物业管理企业，由业主和物业管理企业按照物业服务合同约定，对房屋及配套的设施、设备和相关场地进行维修、养护、管理，维护相关区域内的环境卫生和秩序的活动。”

业主购买某个物业，都希望有一个既安全又舒适的生活、工作环境，如何保障业主的权益，在管理和养护好物业这两个方面提供优质服务，并使社区设施不断完善，使物业使用年限延长，确保其设计功能发挥作用，这就要实施及推行物业管理。

小贴士：

物业管理新概念

近年来，物业管理水平在全国领先的深圳产生了一些新的物业管理概念。

零干扰服务：1999 年深圳景田城市花园推行“零干扰服务”理念。汽车开至住宅区门口，门就自动开了；主人走到楼门口，楼道门也应声而开；路口电子屏滚动显示着天气预报和社区内特别通知等需要让住户们了解的当天信息。

氛围管理： 中海物业首先实践“氛围管理”，在住宅区内用中华民族传统美德营造出温馨的服务氛围，传播文明、现代的生活方式，从而感染、教育和约束在此氛围中生活的人们。

个性化服务： 在万科俊园率先采用的“个性化服务”，能根据不同住户的需求提供不同的服务，体现了物业管理以人为本的宗旨。

一卡制： 一些物业公司推行收费一卡制。客户在社区内发生的所有费用，包括水、电、有线电视、电话、物业管理费、特别服务费及维修费用等，都可以通过一张卡全部解决，甚至还具有帮助住户解决银行还贷或收取租金的功能。

噪声等约束性管理： 社区安静是每一个住户的愿望，但外部交通及社会噪声、内部住户的噪声是一个难题，特别是内部社区的噪声、音响声、装修声、电视声、吵闹声及各类游戏声。深圳的物业管理已经在探讨小区里是不是应该有一个公平的管理公约，对其中个别住户的违规行为进行处理，以还社区一个安静的环境。

二、物业管理的特点

物业管理是一种新型的管理模式，其管理具有社会化、专业化、企业化、经营型的特点。

（一）物业管理的社会化

物业管理的社会化是指物业管理将分散的社会分工诸如房屋、水电、清洁、保安、绿化等汇集起来统一管理。每位业主只需面对物业管理企业一家就能将所有关于房屋和居住（工作）环境的日常事宜办妥，而不必分别面对各个不同部门，犹如为各业主找到了一个“总管家”，而对政府各职能部门来说，则犹如找到了一个“总代理”。业主只需根据物业管理部门批准的收费标准按时缴纳管理费和服务费，就可以获得周到的服务，既方便业主，也便于统一管理，有利于提高整个城市管理的社会化程度，以充分发挥各类物业的综合效益和整体功能，实现社会效益、经济效益、环境效益、心理效益的统一和综合改善。

（二）物业管理的专业化

物业管理是由专业的管理企业——物业管理公司实施对物业的统一管理。这种管理是将有关物业的各专业管理都纳入物业管理企业的范畴之内，物业管理企业可以通过设置分专业的管理职能部门来从事相应的管理业务。随着社会的发展，社会分工渐趋于专业化，物业管理企业也可以将一些专业管理以经济合同的方式交于相应的专业经营服务公司。例如，机电设备维修承包给专业设备维修企业，物业保安可以向保安公司雇聘保安人员，园林绿化可以承包给专业绿化公司，环境卫生也可以承包给专业清洁公司。这些专门组织的成立，表明这一行业已从分散型转向了专业型。这种转向有利于提高城市管理的专业化和社会化程度，并能进一步促进城市管理向现代化的管理方式转换。

（三）物业管理的企业化

物业管理单位是企业单位，不是事业单位，也不具备政府行为职能。物业管理企业作为一个独立的法人，按照《中华人民共和国公司法》的规定运行，依照物业管理市场的运行规则参与市场竞争，依靠自己的经营能力和优质的服务在物业管理市场上争取自己的位置和拓展业务，用管理的业绩去赢得商业信誉。

(四) 物业管理的经营型

物业管理企业的服务性质是有偿的，即推行有偿服务，合理收费。物业管理的经营目标是保本微利，量入为出，不以高额利润为目的。物业管理企业可以通过多种经营，“以业养业、自我发展”，使物业管理具有造血功能，既使得房屋维修、养护、环卫、治安、管道维修、设备更新的资金有了来源，还能使业主得到全方位、多层次、多项目的服务。

三、物业管理的原则和目标

(一) 物业管理的原则

1. 业主自治与专业化管理相结合的原则。这一原则规范业主与物业管理企业之间的关系，划清业主与物业管理企业的地位、职责、权利和义务。

业主自治是指在物业管理区域内的全体业主，基于建筑物区分所有权，依据法律、法规的规定，根据民主的原则建立自治组织、确立自治规范，自我管理本区域内的物业管理活动的一种基层治理模式。业主自治管理的立足点是保护业主的合法利益，包括业主的个体利益和整体利益，并协调好相互间的关系。业主自治管理是指业主在物业管理中处于主导地位，但这不意味业主直接实施管理，而是通过合同的形式委托物业管理专业企业实施各项具体管理实务。业主自治管理的权利包括决策、选聘、审议和监督权；其义务为履行合同、公约和规章制度，协助和协调各方关系。

专业化管理体现在以下几个方面：(1) 有专门的组织机构，如物业管理公司、专业服务公司和公司内部的各种专门机构来实施各种服务项目，分工合作，提高效率。(2) 有专业管理人员和工程技术人员，这些人员还要经过规范化的培训和考核，取得岗位资格证书，以保证服务质量，树立良好的行风和职业道德。(3) 有现代化的各种专业设备，这是专业管理的物质保证，并与物业的档次相适应，逐步向智能化方向发展。(4) 有科学、规范化的各种管理制度和工作程序、流程图，以保证专业化管理的正确实施。

2. 属地管理与行业管理相结合的原则。是指物业区域所在地的政府、街道办事处、相关专业部门和物业管理行业主管部门按各自职责范围共同负责小区的管理工作。地方性的工作由地区统一协调，专业性的工作归口行业主管部门和相关部门负责。

(1) 主管部门。行业管理能有效地发挥政府主管部门的专业指导和监督作用，包括市、区县及其派出的办事处。

(2) 行业协会。行业协会作为行业的自助自律组织，可以协助政府端正物业管理企业行风，发挥社会中介组织的联系和桥梁作用。

(3) 地区组织。属地管理有利于协调好物业管理部门与街道办事处、居民委员会和公安警署等地区组织的关系，协调好物业管理与社区建设的关系，有利于把优秀小区建设和社区建设相结合，共同创建文明小区。

物业管理五原则：

(1) 业主自治与专业化管理相结合；(2) 属地管理与行业管理相结合；(3) 统一管理，综合服务；(4) 社会化与平等竞争；(5) 企业化与全过程效益。

(4) 相关部门。市政、绿化、卫生、交通、供水、供气、供热、邮电、广播、供电、环卫、环保等专业部门则可按专业归口的原则分工负责物业区域中的有关工作。

3. 统一管理、综合服务的原则。这个原则体现物业管理的基本特性和要求，包括统一管理和综合服务两方面。

(1) 统一管理可简称为一体化原则。这个原则实施的前提是“一个相对独立的物业区域，建立一个业主委员会，委托一个物业管理企业管理”。在这个前提下实施一体化的管理。一体化管理包括：管理一体化——物业区域内的建筑物、构筑物、附属设备、设施、场地、庭院、道路以及公共活动中心、停车场等都由一个单位统一管理。服务一体化——对业主和使用人的各种服务事项，包括专项、特约、代办项目都由一个单位统一实施。如要聘请专业服务公司，也由本物业区域的管理单位统一办理。协调一体化——同物业管理有关方方面面的协调、联系由一个单位统一负责处理。业主、使用人、承租人有关物业管理的事务只找一个单位，这个单位不能推诿，要认真负责解决问题。财务一体化——有关物业管理的经济往来，包括各种物业管理费用的收支、基金的管理和物业经营的财务管理都由一个单位负责。

提示：

一体化管理包括：管理一体化、服务一体化、协调一体化、财务一体化。

(2) 综合服务是物业管理的基本属性，物业管理的综合服务既要达到一般服务业的要求，又有其自身的特殊要求。其基本要求是讲究服务的效用，就是要处处主动为业户提供方便并使业户感到舒适、满意，这是综合服务的活力所在。综合服务要体现以人为本精神，即以业主和使用人为中心来开展多样化、全方位、多功能的服务。同时要针对不同年龄、不同性格、不同层次以及不同民族、国籍业户的不同个性化要求提供丰富多彩、方式灵活的服务。

4. 社会化与平等竞争的原则。在房屋商品化、自有化和产权多元化的条件下，物业管理不是按权属、系统组建，而是按区域组建，按社会化原则管理。这个原则适应二权不分离的情况，即物业所有权与经营权不分离；也适应二权分离的情况，即物业的所有者与经营权者不属于同一法人单位。在产权多元化情况下，物业多数是采用二权分离的方式来经营管理的。

社会化的原则有利于物业管理的市场培育和发展。这个原则的具体要求有：

(1) 社会化的分工合作。现代社会不同产业间的分工和协作有助于提高各个产业的综合效益。房地产作为一个行业，其内部的开发、营销、咨询和物业管理等各个分支行业间同样要按照社会化大生产的要求分工协作，才有利于提高全行业的经济效益。特别是物业管理企业要从开发企业的附属地位剥离出来，独立为自主经营的管理服务型企业。物业管理公司和各类专业服务公司，如清扫、绿化等公司间，同样应按照社会化大生产的要求分工协作。

(2) 平等条件下的市场竞争。业主和物业管理企业在平等的条件下通过市场用招投标或协议的方式建立委托管理服务关系。政府有关部门和开发商都不宜干预，物业管理企业只有通过自己的优质服务和良好的声誉才能在市场上取得一席之地。

(3) 三个效益的统一。物业管理的经营活动要实现经济效益、社会效益和环境效益的有机统一，要在经济效益的基础上以社会效益和环境效益为小区建设的最终目标。

5. 企业化与全过程效益的原则。物业管理作为一种市场化的经营行为，当然要按照企业化的原则来操作，并且要追求全行业、全过程的效益。企业在其经营活动中追求全过程的效益是现代管理的基本理念。这一原则体现在：

(1) 实施主体要按企业化的原则组建。物业管理企业，不论是独立的具有法人资格的公司，还是非独立的物业管理部、房管所转制的物业管理公司等，都要政企分开、政事分开，按照“独立核算、自主经营、自负盈亏、自我发展”的方针开展经营活动。

(2) 按经济规律办事。物业管理企业在处理各方面的经济关系中严格按照经济规律办事，特别在同开发商的委托关系方面虽然业务联系密切，或属于同一企业集团，但在经济方面应按照合同和有关规定划清各自的职权。

(3) 早期介入。物业管理从追求全行业、全过程效益出发，就要使物业管理同项目开发同步进行。物业管理的启动工作和前期基础工作十分重要。实践证明，只有早期、适时地介入房地产项目的开发经营活动，才能避免“前期后遗症”，减少后期管理工作的损失。介入的时间要根据物业的开发情况，可在设计、施工、验收、销售阶段适时介入。

(4) 创建名牌。企业化的原则还要求物业管理企业努力提高经营水平、服务质量。创建名牌，应关注规模经济效益和拓展业务，以提高企业的声誉，树立良好的信用。

(二) 物业管理的目标

1. 营造良好的“安居乐业”环境。物业管理的全部活动都环绕一个中心，就是“安居乐业”，具体地说就是为业主创建一个“整洁、文明、安全、方便”的生活和工作环境，或者说一个有利于生存、发展、享受的环境。并且要随着物业管理业务的拓展和管理水准的提高，根据每一小区的具体情况和业主的要求提高服务水准，拓展服务范围。居住区域的物业服务要求舒适、安静、温馨、优雅，要求增添文化和艺术氛围等。办公和商务区域的物业服务则强调高效、周到和形象，要求提供现代化的商务服务和智能化管理等。

2. 物业的保值与增值。物业管理是受业主委托的经营管理行为，其行为的方向除了为委托人创建一个合适的“安居乐业”环境外，就是要保护业主、使用人的合法权益。物业管理的优点就在于通过精心的策划和良好的服务，改善物业的内外环境，提升物业的使用价值和经济价值，也就是使物业既能保值，又能增值。

四、物业管理的作用

(一) 促进房地产市场的发展，提高房地产投资效益

随着房屋商品化的逐步实施，各类住房分幢、分单元、分套出售，形成一个住宅区内或一幢高层建筑里有几十个甚至几百个多元产权的毗邻关系。

房屋商品化不仅使原有房屋公有制下的基本格局被大量共有、共用而又相互毗连的房屋格局所取代，也形成了产权多元化和管理社会化的新格局。这种新格局要求有与之相适应的房屋管理新模式。所以物业管理是房地产市场化过程中重要的、不可替代配套工程。

房产物业建成后，随着时间的推移，房屋的结构部位、围护部分、装修、上下水及其设备管道等，都将发生不同程度的损坏，如不及时进行维修和加强管理，就会影响物业的功能正常发挥，影响用户生活（住宅）、工作（写字楼）与生产经营（商用与工业物业）的正常进行。推行专业化、社会化的物业管理，不仅有利于确保物业在整个使用周期内作用功能的正常发挥，而且通过良好的不间断的专业管理服务，还可以使物业的寿命延长，实现物业的保值与增值。

（二）为物业主及租户创造与保持一个安全、舒适、文明、和谐的生活与工作的环境

物业管理分为管理和服务两个方面。管理主要是做好户籍、产权、产业、租赁、租金、设备等方面的管理工作，使房屋及时得到修理，保持房屋功能；服务主要是充分保证满足用户要求，及时登门进行日常服务。优质的物业管理不仅仅从事单纯的事务性操办和技术性保养，而是要在此基础上为业主、使用人创造一种宁静、安逸、优雅、舒适的生活、工作环境。在这种情况下，物业管理既能充分发挥物业的功能，保障业户的合法权益，又能增强业户间的邻里意识，形成互相尊重、和睦相处的关系。住宅社会学研究表明，良好的环境不仅能减少烦恼、焦虑、矛盾、摩擦，乃至某些危害社会的不轨行为，还会形成互助、互谅的社会风气，促进身心健康。这一切，是社会稳定和经济增长所必须具备的前提条件。

（三）提高城市管理的社会化和专业化程度

现代城市管理主要包括建筑物的管理、道路交通和信息管理、公共活动中心的管理和经济产业管理等。建筑物的容貌构成城市形象的主体。一个个物业小区是城市的细胞，小区的环境整洁、优美，城市的面貌也就焕然一新。现在，物业管理已逐步从对新区管理延伸到建成区的管理。这样，就为城市面貌的更新和优化提供了全方位的支持。

（四）提供广泛的就业机遇

物业管理是提供商品劳务的行业，物业管理面广量大，能提供广泛的就业机会。首先能为从事传统管理的房管部门和人员提供一个转换机制，成为吸纳人员的合适方向。公房事业性管理方式是计划经济体制下的产物。近年来，随着房地产开发经营的兴起，特别是土地批租和旧城旧房改造的迅猛态势，公房大量转化为私房。这使原来以公房租赁为主的城镇房管部门作为住房福利制模式下的产物，在完成其历史使命的同时面临一个机制转换和人员安排的问题。物业管理就为两者的转换开辟了一个新途径。

小资料：

“健康城市”的标准

1996年世界卫生组织提出的“健康城市”的标准是：

(1) 为市民提供清洁和安全的环境；

(2) 为市民提供可靠和持久的食品、饮水、能源供应，具有有效的清理垃圾系统；

(3) 通过富有活力和创造性的各种经济手段，保证满足市民在营养、饮水、住房、收入、安全和工作方面的基本要求；

(4) 拥有一个强有力的相互帮助的市民团体，能够为创立健康城市而努力工作；

(5) 能使市民一道参与制定涉及他们日常生活特别是健康和福利的各项政策决定；

(6) 提供各种娱乐和闲暇活动场所，以方便市民之间的沟通和联系；

(7) 保护文化遗产并尊重所有居民的各种文化和生活特性；

(8) 把保护健康视为公众决策的组成部分，赋予市民选择健康行为的权利；

(9) 作出不懈努力，争取改善健康服务质量，并能使更多市民享受到健康服务；

(10) 能使人们更健康长久地生活和少生病。

第二节　物业管理的类型与内容

一、物业管理的类型

物业管理可按不同的标准进行分类。一般可以按物业的类别、性质等标准分类。

(一) 按物业的类别分类

物业按其使用特征可以分为住宅、工厂、写字楼、综合商贸楼、别墅等形式。相应的物业管理可以据此划分为住宅（区）物业管理、工厂（区）物业管理、写字楼物业管理、商贸楼（城）物业管理等形式。同时针对不同的物业，管理的内容和重点亦有所不同，如工厂（区）的管理侧重于确保水、电供应和区内道路的畅通；写字楼的管理侧重于电梯管理、消防安全和安全保卫等。

(二) 按物业的性质分类

根据经济性质，物业可以分为收益性物业和非收益性物业，因而物业管理亦可划分为收益性物业管理和非收益性物业管理。收益性物业主要是指经营性房屋，它通过房屋的经营实现其经济价值，如酒店、写字楼、商贸楼、出租住宅公寓等；非收益性物业主要是指向业主和使用者提供效用，作为经营辅助设施或消费品而使用的房屋。如企业经营所必须的办公楼宇设施、工厂厂房设施、仓库设施以及住宅等。

对于非收益性物业，物业管理的内容主要是管理和服务，目的在于保证物业

提示：

应当注意的是，收益性物业管理与非收益性物业管理的划分并不是绝对的。有时非收益性物业亦会出现购置、租赁、转让等经营内容。

的正常使用，为业主和使用者创造安全、舒适、清洁的使用和居住环境。对于收益性物业，物业管理的内容除了管理与服务外，更为重要的是代理业主对房屋进行经营，寓管理、服务、经营为一体，其目的是保证业主能够取得最好的经营效益，并使物业能够保值、增值。

二、物业管理的内容

（一）物业管理的内容

物业管理是一种综合性、全方位的管理和服务，其具体业务内容跨度大，而且比较琐碎繁杂。同时，不同类型、不同档次的物业管理的具体内容又会有所差异，这里，根据国内外现行物业管理的情况，我们对物业管理的内容简单归纳为：物业开发建设的协调与管理；公共设施及设备的运行管理；物业产权、产籍及业主、使用者管理；绿化环卫管理；车辆、道路、停车等方面的管理；房屋租赁管理；物业装修管理。

（二）物业服务的内容

根据国内外现行物业服务方面管理的内容，物业服务内容包括：房屋及附属设备的维修养护；治安保卫及消防；清扫保洁；委托性服务。

（三）物业经营方面的内容

物业经营方面的内容包括：物业租赁、销售及购置；场区停车场、空地广告及招牌的经营；场区康乐及其相关设施的经营；其他经营活动。

上述三方面的内容，在实践中是融合为一体的。一般还可根据物业项目规模及特点，在内容上作适当的增减。

第三节　物业管理的发展与法规建设

一、物业管理的发展

（一）现代物业管理的产生

现代物业管理的雏形可以追溯到19世纪60年代的英国。当时的英国正值工业发展时期，城市化进程加快，大量农村人口涌入工业城市，而城市建设则跟不上人口的急剧膨胀，造成了严重的房荒。一些房地产开发商相继修建了一些简易住宅以低廉租金租给工人家庭居住。由于人口高度密集，居住环境恶劣，人为破坏时有发生，租金拖欠严重，业主的经济利益难以得到保障。这时，有一位叫奥克托维妞·希尔的女工为改变自己物业出租时的这种恶劣现象，经过深思熟虑，制订并实施了一套行之有效的管理方法，从而在一定程度上改善了居住环境。

到了19世纪90年代，物业管理有了实质性的发展。此时，美国等一些西方国家经济迅速发展，建筑技术不断进步，出现了安有电梯的高层建筑。这类建筑附属设备较多，结构复杂，为多个业主共有，其日常维修、管理工作量大、技术性强，于是开始出现了专业的物业管理机构。物业管理的行业组织的出现，要归功于芝加哥摩天大楼的所有者和管理者乔治·A. 霍尔特，他认识到物业管理人员应当经常性地聚在一起相互学习，同时又交流信息。于是，便产生了“芝加哥建筑物管理人员组织”这样一个物业管理的早期组织。该组织于 1908 年举行了第一次全国性会议，与会者 75 人，宣告了世界上第一个专门的物业管理行业组织的诞生。在以后的几年内，这个组织先后在华盛顿等若干城市举行年会，并推动了一个全国性的组织“建筑物业主组织”的成立，并在这两个组织的基础上组建了“建筑物业主与管理人员协会”。后来，类似的组织也在加拿大、英国、南非、日本、澳大利亚等国纷纷成立。于是，该组织也就更名为“国际建筑物业主与管理人员协会”。

（二）我国物业管理的发展

我国的物业管理起步较晚。20 世纪 20 年代初到抗战前夕，是中国房地产萌芽和初步发展阶段。在此期间，我国的上海、天津、武汉、广州、哈尔滨等城市大量出现一些八九层高的建筑物。以上海为例，此间出现了 28 座 10 层以上的高层建筑，最高的达 24 层。因房地产市场的需求，产生了代理经租、清洁卫生、住宅装修、服务管理等经营性的专业公司。这些专业公司的管理形式与我们今天的物业管理公司的服务形式较为相似。

1949 年新中国成立后，城市土地收归国有实行无偿划拨使用，房产绝大部分转为公有制，住宅建设基本上由政府包下来作为福利分配。房地产管理由政府设立的管理机构统一管理，政、企、事合一。这样，房地产这一生产生活要素不作为商品进入流通，其经营活动亦停止。

进入 20 世纪 80 年代后，随着我国市场经济的不断发展，房地产业重新崛起并不断加快其发展的步伐。在沿海开放城市和一些特大城市，由于房地产业的迅猛发展，同时出现了这些物业的管理问题。此时，由深圳和广州开始，出现了借鉴香港经验，大胆探索、不断创新的现代物业管理行业。1981 年，深圳市第一家涉外商品房管理的专业公司——深圳市物业管理公司成立，这是我国内地物业管理的起步阶段。此后，从深圳到广州，从南方到北方，物业管理公司在众多城市大量出现。根据《2006 年中国物业管理行业研究咨询报告》显示，目前全国实行物业管理的房屋面积超过 100 亿平方米，物业管理覆盖率已接近 50%，北京等较发达城市的覆盖率达 70%，深圳、上海已达 90% 以上。上述 3 座城市物业管理企业创造的产值已占当地国民生产总值的 2% 左右。全国物业管理企业已超过 3 万家，其中一级资质企业 300 多家，从业人员超过 300 万人。

二、物业管理的政策法规

物业管理法律法规是一个具有相对独立性的法律规范集合体，它由与物业管理直接相关的法律规范组成。物业管理法律规范虽然不能构成一个独立的法律学科，但却具有一定的相对独立性。这种独立性是与现代物业管理产业的形成与出现密切相关。

（一）物业管理法律法规有其相对独立的调整对象或内容

物业管理法律法规最基本或最直接的协调对象是在物业管理企业与其服务对

象之间因各种物业管理行为或服务而引起的各种经济关系，具体包括物业管理服务关系、物业管理竞争关系。其另一重要调整对象为国家在规划、管理以及调控物业管理产业或物业管理经济过程当中发生的各种经济关系。具体包括物业管理组织关系和物业管理经济管理关系。

（二）物业管理法律法规的基本体系和地位

物业管理行业的出现，以及该行业所拥有的独特性，决定了直接调整物业管理关系的法律规范和各种与物业管理相关的法律规范通过有机结合，形成一个统一的物业管理法律法规体系。由于现代物业管理活动涉及的领域和环节众多，这一体系下的物业管理法律规范的内容也就非常广泛。物业管理法律法规体系由以下几个部分法律规范有机组成：

1. 物业管理组织法律法规。物业管理组织法律法规是指调整物业管理企业在设立、变更、终止等过程中发生的商事关系的法律规范。除了现有的《公司法》、《合伙企业法》和《个人投资企业法》等基本的企业法律制度外，还包括物业管理行业准入法律制度，特别是与WTO规则接轨的物业管理业外商投资准入制度。

2. 物业管理行为法律法规。物业管理行为法律法规是指调整在物业开发建设的协调与管理，公共设施及设备的运行管理，物业产权，产籍及业主，使用者管理，绿化环卫管理，车辆、道路、停车等方面的管理，房屋租赁管理，物业装修管理，房屋及附属设备的维修养护，治安保卫及消防，物业租赁，销售及购置，场区停车场，空地广告及招牌的经营，场区康乐及其相关设施的经营等各个物业管理行为环节中发生的社会关系的法律规范。

3. 物业管理争议法律法规。物业管理争议法律制度是调整在解决物业管理争议时所发生的各种社会关系的法律规范。

（三）物业管理法律法规与民商法、经济法的关系

物业管理法律法规中既有大量的民商法法律规范，也有不少经济法法律规范。物业管理行为本身就是一种典型的民事行为或商业行为。调整因物业管理行为设立、变更和终止而发生的各种关系的法律规范自然属于民商法规范。然而，物业管理行业的发展和物业管理行为实施，也需要政府在宏观和微观上的调控与干预。调整在政府对物业管理行业的调控与干预过程中发生的各种关系的法律规范就属于经济法规范。可见，物业管理法律法规中既有民商法法律规范，也有经济法法律规范，它们并不单纯属于哪一种性质的法律规范。

在物业管理组织关系和行为关系中，其关系主体主要表现为各种物业管理企业、生产商、销售商和消费者。其中，消费者是一种典型的民事主体，而物业管理企业和生产商、销售商是一种典型的商事主体。物业管理企业的设立、变更、终止等除了要符合物业管理法律规范（即民商事法律规范的一些特别规定）外，还必须符合民商事法律规范的一般性规定，如商事组织、商事登记等制度。

总之，民商法律规范是物业管理法律法规之基本，没有民商法中一些基本原则、原理和制度，物业管理法律法规就无法独立存在。可以说，物业管理法律法规的大部分法律规范其本身就是属于民商法的法律规范，物业管理法律法规的相

提示：

物业管理法律法规虽内容广泛且拥有自己的基本体系，但它尚未构成一个基本的法律部门，而只能是一个基本的行业法律规范集合。然而，由于现代物业管理在国民经济活动中的重要性日渐凸显，物业管理法律法规也就成为一项非常重要的法律制度，其在国民经济发展中的作用越来越重要。

当内容是由民商法法律规范构成。物业管理法律法规除了包含大量的民商法律规范以外，还应当包含不少经济法律规范。物业管理法律法规中包含部分经济法规范是物业管理业快速健康发展之必然要求。

(四) 物业管理法律法规的特点

根据物业管理活动具有内容广、范围大及参与者众多的特点，对物业管理活动参与者经营行为的规范必然要涉及各种各样的企业、各种不同的物业管理功能，以及针对国际物业管理还是国内物业管理。因此，物业管理法规内容具有广泛性，层次和表现形式多样化，物业管理法律法规综合性及专门立法的困难性。

提示：
物业管理法律法规呈现出以下特点：
(1) 广泛性；
(2) 多样性；
(3) 综合性；
(4) 专门立法的困难性。

我国现行物业管理政策法规的组成包括国务院条例、部门规章、地方法规、地方规章、部发文件、地方文件六个层面。其中国务院条例是指以国务院令颁发的物业管理法规，主要指《物业管理条例》(2003 年 5 月)；部门规章是指以建设部令颁发的物业管理规章，主要包括《物业管理企业资质管理办法》(2004 年 3 月)、《业主大会规程》(2003 年 6 月)、《业主临时公约（示范文本)》(2004 年 9 月)、《前期物业服务合同（示范文本)》(2004 年 9 月）等内容；地方法规是指各地省、市人大立法机构颁发的物业管理规章，如《江苏省物业管理条例》(2000 年 12 月)、《哈尔滨市物业管理规定》(2004 年 9 月)、《武汉市住宅区物业管理条例》(1999 年 7 月）等；地方规章是指各地省、市人民政府颁发的物业管理行政规章，如《南京市物业管理办法》、《北京市物业管理企业资质管理办法》等；部发文件是指国家部委有关部门颁发的有关物业管理通知、函、公告等文件，如《关于物业管理企业资质管理有关问题的通知》（建设部办公厅 2004 年 286 号）等；地方文件是指地方行政部门颁发的有关物业管理文件，如《重庆市物业服务合同（示范文本)》(重庆市国土房管局、工商局）等。

相关链接：

《物业管理条例》

《物业管理条例》是我国现阶段物业管理的基本法规，2003 年 5 月 28 日经国务院第 9 次常务会议通过，2003 年 9 月 1 日正式施行。全文包括七章七十条。第一章“总则”，规范了物业管理的界定、管理体制、立法宗旨等内容；第二章“业主及业主大会”；第三章“前期物业管理”；第四章“物业管理服务”；第五章“物业的使用与维护”；第六章“法律责任”；第七章“附则”。

《物业管理条例》的颁布使我国的物业管理正式纳入了规范化、法制化的轨道。《物业管理条例》是第一部全国性的物业管理法规。由于中国地区间的经济发展不平衡，而物业管理这一新兴行业是随着经济发展和文明程度的提高而出现的，所以不同地区间的物业管理发展水平及程度也极不平衡，每个地区都根据自己的实际情况制定并出台了地方性物业管理政策、法规、条例等。为了保证全行业同步发展和稳步提高，国务院在总结了各个地区的物业管理现状，广泛争取不同地区物业管理业界人士的意见出台中国第一部全国性物业管理法规，它标志着体现法制精神的物业管理行业法规体系的逐渐形成。

【案例阅读】

武汉市物业管理发展的现状与问题

随着武汉物业管理行业队伍的不断壮大，全市物业管理总规模超过5400万平方米，其中住宅4500万平方米，约占全市住宅总量的45%，享受物业管理服务人口已经超过180万。但是，截至目前为止，根据国家建设部规定的物业管理企业资质等级条件，武汉市经工商注册登记并取得资质的630家物业管理企业中，现有建设部物业管理一级资质企业仅5家，占行业比0.7%，二级资质企业42家，占行业比6.7%，剩余的全为三级资质企业（包括暂定三级）。

目前，武汉市的物业管理仍存在着很多问题，据调查，2004年，对物业管理表示满意的武汉市民仅在接受调查的所有市民中占22.58%，连1/4都达不到。而近两年，业主们与物业部门的纷争愈演愈烈，据中消协的工作人员分析，今年上半年，包括湖北省在内的全国30个省、直辖市、自治区在物业管理方面的投诉平均比去年同期上升了24%。

物业管理纷争不断的根源就在于：大部分物业管理企业都是房地产开发商的下属公司。这种运作方式的弊端主要有以下几点：

1. 由于是开发商的下属公司，所以物业管理的工作几乎都纠缠于为开发商补“漏洞”，真正服务性的工作反而有些力不从心，导致物业服务不到位。

2. 这种隶属于开发商的物业管理公司，由于受制于房地产开发企业，所以往往会重建设与销售，轻物业管理，导致物业公司的工作施展不了手脚。

3. 因为物业公司跟开发商有血缘关系，遇到开发商遗留问题的纠纷，物业公司要么坐视不理，要么竭力掩盖，主要维护开发商的利益而不是为业主说话。

4. 由于有开发商撑腰，物业公司往往有“皇帝的女儿不愁嫁”的想法，缺乏市场竞争意识，对于业主的服务只是敷衍了事。物业服务不到位，就会招致业主们的不满，从而拒绝交付物业管理费。据房产局物业部介绍，武汉物业管理运行得最差的小区只能收到20%的物业管理费。武汉市房产局物业处王举辉处长表示，这是一个恶性循环。业主对开发商不满，拒交物业管理费；物业没经费进行物业管理；最后业主还是不满意物业管理，继续拒绝交管理费……长此以往，将会严重影响物业管理的正常秩序，更不利于物业管理行业的发展。

【关键概念】物业、物业管理

复习思考题

一、填空题

1. 物业是一个具有（　　）的概念，可以根据（　　）、（　　）等作相对划分。

2. 统一管理可简称为（　　）。这个原则实施的前提是（　　）。

3. 物业管理的(　　)是物业管理的基本理念，是指导物业管理运作的(　　)和理顺物业管理方方面面的依据。

4. 从法律意义上说，(　　)本质上是指以土地和房屋作为物质存在形态的财产。

5. 业主自治管理的立足点是(　　)的合法利益，包括(　　)和(　　)，协调好相互间的关系。

6. 现代城市管理主要包括：(　　)、(　　)和(　　)、(　　)的管理和(　　)等。

7. 综合服务是物业管理的(　　)，物业管理的综合服务既要达到一般服务业的要求，又要其自身的(　　)。

二、单项选择题

1. 物业具有位置固定、不可移动的自然属性，所以通常又被称为(　　)。

A. 动产　　B. 不动产

C. 固定资产　　D. 房产

2. 物业管理，基本分为管理和(　　)两个方面。

A. 效益　　B. 利润

C. 服务　　D. 规范

3. 根据物业的经济性质，物业可以分为(　　)。

A. 收益性物业　　B. 非收益性物业

C. 综合性物业　　D. 收益性物业和非收益性物业

4. 现代物业管理的雏形可以追溯19世纪60年代的(　　)。

A. 美国　　B. 英国

C. 日本　　D. 中国

5. (　　)举行了第一次全国性会议，与会者达75人，宣告了世界上第一个专门的物业管理行业组织的诞生。

A. 1908年　　B. 1910年

C. 1920年　　D. 1930年

6. 20世纪20年代初到(　　)，是中国房地产萌芽和初步发展阶段。

A. 抗战前夕　　B. 抗战后

C. 解放后　　D. 20世纪60年代

7. 1981年，深圳市第一家涉外商品房管理的专业公司——深圳市物业管理公司成立，这是我国内地物业管理的(　　)。

A. 起步阶段　　B. 休眠阶段

C. 复苏阶段　　D. 发展阶段

三、多项选择题

1. “物业”、“房地产”、“不动产”的主要区别有(　　)。

A. 称谓不同　　B. 适用范围不同

C. 概念外延不同　　D. 内容不同

2. 物业管理是一种有别于以往房产管理的一种新型的管理模式，其管理具有(　)的特点。

A. 社会化　　B. 专业化

C. 企业化　　D. 经营型

3. 专业化管理体现在以下(　　)方面。

A. 专业机构　　B. 管理人员

C. 专业设备　　D. 管理制度

4. 社会化原则的具体要求有(　　)。

A. 社会化的分工合作　　B. 平等条件下的市场竞争

C. 三个效益的统一　　D. 财务一体化

5. 物业管理水平在全国领先的深圳产生了一些新的物业管理概念，即(　　)。

A. 零干扰服务　　B. 氛围管理

C. 个性化服务　　D. 一卡制

6. 在统一管理、综合服务的前提下，实施一体化管理，即(　　)。

A. 管理一体化　　B. 服务一体化

C. 协调一体化　　D. 财务一体化

四、判断题

1. 狭义的房地产是指全部土地和房屋，以及附着于土地和房屋上不可分离的部分。(　　)

2. 物业管理单位是企业单位，也是事业单位，具备政府行为职能。(　　)

3. 物业管理应该是：第一是利益，第二是服务，第三是效益。(　　)

4. 收益性物业管理与非收益性物业管理的划分并不是绝对的。(　　)

5. 我国房地产经济体制改革的方向是市场化、商品化和住房私有化。(　　)

6.《物业管理条例》的颁布使我国的物业管理正式纳入了规范化、法制化的轨道。(　　)

五、简答题

1. 简述物业管理的原则。

2. 简述物业管理的作用。

3. 简述物业管理的内容。

4. 简述物业管理的目标。

5. 简述物业内涵所包含的三个要求。

第二章 DIERZHANG

物业管理机构

学习目标

□ 掌握物业管理企业的性质、类型

□ 知道业主、业主大会、业主委员会的权利义务及业主委员会的组成

□ 了解物业管理企业的岗位设置及物业分级管理标准

第一节 物业管理企业

一、物业管理企业的性质

所谓物业管理企业是指具有法人资格，根据合同接受业主或者业主管理委员会的委托，依照有关法律、法规的规定对物业实行专业化管理与服务，并收取相应报酬的经济法人实体。

1. 物业管理公司是独立的企业法人。《物业管理条例》第三十二条规定：从事物业管理活动的企业应当具有独立的法人资格。

"具有独立的法人资格"是指物业管理公司应当是依据《中华人民共和国公司法》（以下简称《公司法》）设立，从事物业管理活动，独立核算、自主经营、自负盈亏的具有独立企业法人地位的经济组织。物业管理公司的所有制性质，可以是全民、集体，也可以是私营或者外商投资企业，包括中外合资、中外合作或者外资企业。

2. 物业管理公司属于服务性企业。物业管理公司的"产品"只有一个，那就是服务。所以物业管理企业属于第三产业即服务类企业。

3. 物业管理公司承担了部分政府有关部门对城市管理的职能。物业管理公司在向业主和租户提供服务的同时，也承担了部分政府有关部门对城市管理的职能，如大厦的质量安全、住宅小区内的市政设施等。

二、物业管理企业的类型

物业管理企业可以从组建方式、内部运作机制、企业与物业的产权关系等许

多方面进行分类。

1. 从物业管理企业的组建来看，大致可分为五种类型：

（1）由房地产开发企业投资设立的分支机构，主要是管理由上级公司开发建设的房地产项目。这类公司的最大优势在于项目有保障，并对项目运行的全过程有所了解，便于与开发商协调工作。

（2）由房地产部门所属的房管所转换为物业管理企业。这类企业转制时间不长，行政色彩较浓。

（3）由大中型企事业单位自行组建的物业管理企业，这类企业福利色彩较浓。

（4）按照《公司法》要求，由社会上的公司、个人发起组建的，通过竞争取得房产管理权的物业管理企业。这类企业较有活力，必须适应市场，提供较好的服务方可生存。

（5）由街道办事处组建的物业管理企业。

2. 从物业管理企业内部的运作来看，分为三大类：

（1）管理型物业管理企业。此类企业除主要领导人和各专业管理部门技术骨干外，其他各项服务，如保安、清洁、绿化等通过合同形式交由社会上的专业化公司承担。

（2）顾问型物业管理企业。此类企业由少量具有丰富物业管理经验的人员组成，不具体承担物业管理工作，而是以顾问的形式出现，收取顾问费。

（3）综合性物业管理企业。此类企业不仅直接接手项目，从事管理工作，还提供顾问服务，适应性强。

3. 从物业管理企业与物业的产权关系来看，可分为两大类：

（1）委托服务型物业管理企业。该类企业接受多个产权人的委托，管理各栋房屋乃至整个小区，物业所有权和经营权是分开的。

（2）自主经营型物业管理企业。该类企业受上级公司指派，管理自主开发的物业。物业产权上属上级公司或该类企业，通过经营收取租金，回收投资，获取利润。物业所有权和经营权是一致的。商业大厦、办公楼、写字楼较常见。

提示：

目前通行的物业管理公司机构设置主要有三种方法：第一种是以目标为基础的设置，第二种是以活动为基础的设置，第三种则是混合划分。本节仅介绍第一设置方法。

三、物业管理企业的组织框架与职责

（一）经理室

经理室是物业管理公司的领导和决策机构，一般设经理一名，副经理若干名。经理对公司运作全面负责，是公司一切重大问题的决策者，负责布置和协调各副经理的工作。副经理是经理的助手，在经理的领导下全面处理分管工作，重大问题报请经理处理，及时汇报分管工作，提出重大问题的处理意见，完成经理交办的各项工作。

（二）办公室

办公室是公司的综合管理部门，负责人事劳资、文书处理、生活福利、公关接待、内务管理等。

（三）财务部

财务部在公司经理领导下，参与企业的经营管理，负责制订财务收支计划、会计出纳、经济核算、做好会计报表，对各项经费的使用实施核查和监督，并根据企业需要搞清资金运用。

（四）业务部

物业管理公司业务部门的设置一般根据公司规模大小、物业种类的不同、配套设施的多少，以及提供服务的种类而设置。为便于管理可以先设业务部再分设各个职能部门，也可以单列各个职能部门。

业务部主要负责公司的总体运作，协调下列各职能部门的各项工作，下面一般可设：

1. 房屋管理维修部。房屋管理维修部负责产业管理与房屋维修，包括：租赁管理和委托管理，房产的接管、撤管和调配换，房产档案管理，房屋的修缮计划，日常养护和小修服务。

2. 经营开发部。经营开发部负责开拓经营项目，通过竞争去接收新产业，制订物业管理公司的经营计划等工作。

3. 保安部。保安部负责管辖区内的治安保卫、交通安全和消防管理，参与社会联防，维护管理区内的人身和财务安全，保证正常的工作、生活和交通秩序。

4. 环境管理部。环境管理部负责管辖区内的清洁卫生、绿化养护和环境营造，组织清洁工和绿化工实施与物业管理相配套的专业操作，包括：楼宇清洗，过道、门厅、街坊、道路的日常清洁打扫和保洁，除害灭病、杀虫、喷洒药水和绿化、草坪、花草的养护。

5. 设备工程部。设备工程部是物业管理公司的一个重要的技术部门，负责住宅区或高层楼房的各类设备的管理、维修和养护，对业主入住后进行装修和改造。设备工程部要按照国家及省市有关的政策、法规对各项有关工程和设备的质量等进行监督和检查，对管理部门提出的各项修缮计划和经费进行审核，并积极开拓、承接各项力所能及的工程项目。

按服务项目来设置部门组织机构如图 2－1 所示。

四、物业管理企业的资质与条件

如前所述，物业管理企业的工作主要是依照物业管理合同的约定，对物业及其环境、公共秩序等进行专业化维修、养护、管理，并提供各类服务。因此，国家对物业管理企业的资质与条件进行了规定。根据建设部 2004 年发布的《物业管理条例》规定，物业管理企业资质分为三级。

（一）一级资质

一级资质物业管理企业需符合以下条件：

1. 注册资本人民币 500 万元以上。

2. 物业管理专业人员以及工程、管理、经济等相关专业类的专职管理和技术人员不少于 30 人。其中，具有中级以上职称的人员不少于 20 人，工程、财务

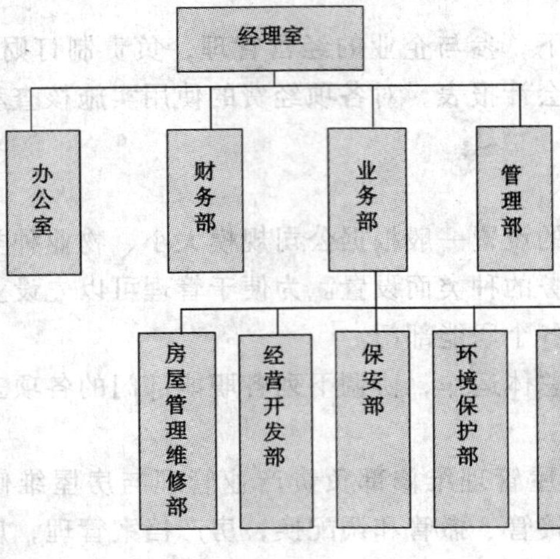

图 2-1 物业企业组织机构设置图

等业务负责人具有相应专业中级以上职称。

3. 物业管理专业人员按照国家有关规定取得职业资格证书。

4. 管理两种类型以上物业，并且管理各类物业的房屋建筑面积分别占下列相应计算基数的百分比之和不低于100%：多层住宅200万平方米；高层住宅100万平方米；独立式住宅（别墅）15万平方米；办公楼、工业厂房及其他物业50万平方米。

5. 建立并严格执行服务质量、服务收费等企业管理制度和标准，建立企业信用档案系统，有优良的经营管理业绩。

（二）二级资质

二级资质物业管理企业需符合以下条件：

1. 注册资本人民币300万元以上。

2. 物业管理专业人员以及工程、管理、经济等相关专业类的专职管理和技术人员不少于20人。其中，具有中级以上职称的人员不少于10人，工程、财务等业务负责人具有相应专业中级以上职称。

3. 物业管理专业人员按照国家有关规定取得职业资格证书。

4. 管理两种类型以上物业，并且管理各类物业的房屋建筑面积分别占下列相应计算基数的百分比之和不低于100%：多层住宅100万平方米；高层住宅50万平方米；独立式住宅（别墅）8万平方米；办公楼、工业厂房及其他物业20万平方米。

5. 建立并严格执行服务质量、服务收费等企业管理制度和标准，建立企业信用档案系统，有良好的经营管理业绩。

（三）三级资质

三级资质物业管理企业需符合以下条件：

1. 注册资本人民币50万元以上。

2. 物业管理专业人员以及工程、管理、经济等相关专业类的专职管理和技术人员不少于10人。其中，具有中级以上职称的人员不少于5人，工程、财务等业务负责人具有相应专业中级以上职称。

3. 物业管理专业人员按照国家有关规定取得职业资格证书。

4. 有委托的物业管理项目。

5. 建立并严格执行服务质量、服务收费等企业管理制度和标准，建立企业信用档案系统。

五、物业管理从业人员资质与岗位规范

在我国颁布的《物业管理条例》中，第三十三条规定："从事物业管理的人员应当按照国家有关规定，取得职业资格证书。"

目前，国家对于物业管理企业人员的要求，主要是1996年建设部发布的《关于实行物业管理企业经理、部门经理、管理员岗位培训持证上岗制度的通知》和1998年建设部《关于全国物业管理从业人员岗位培训工作的通知》（〔98〕建房物字第18号）文件。通知规定了对物业管理的高级、中级管理人员，即企业经理、部门经理和管理员全部实行持证上岗，并对岗位培训、持证上岗制定了具体实施办法。1998年12月2日，建设部又印制了《全国物业管理从业人员岗位证书》并制定了证书管理办法。

（一）岗位证书的颁发与管理

"全国物业管理从业人员岗位证书"由建设部人事教育司统一印制，加盖建设部人事教育司证书专用章和住宅与房地产业司公章，在全国范围内通用。证书由建设部人事教育司会同住宅与房地产业司统一管理，实行动态管理、复检验证制度。持证者必须接受规定的继续教育，由培训机构负责做好继续教育记录。

（二）物业管理企业经理岗位规范

1. 岗位必备知识。（1）了解房屋结构、设备、设施、园林、绿化等修缮的基本知识；（2）了解房地产有关理论和开发、经营、管理、估价等基本知识；（3）了解《公司法》、《合同法》、《税法》、《民事诉讼法》等法律知识；（4）熟悉计算机应用的知识；（5）熟悉房屋完损等级标准和安全管理基本知识；（6）熟悉国家和本地区的物业管理法律、法规和政策，掌握物业管理的基本理论与实务；（7）掌握企业经营管理知识。

2. 岗位必备能力。（1）具有制订企业发展规划，建立、健全企业管理制度的能力；（2）掌握本公司各部门业务及运作状况，熟悉企业财务、税收状况和市场变化情况，具有经营决策能力；（3）具有综合组织及协调能力，具有公关、谈判及建立业务关系的能力；（4）具有处理突发事件的能力；（5）具有计算机应用能力。

（三）物管企业部门经理、管理员岗位规范

1. 岗位必备知识。（1）了解房地产有关理论和开发经营、管理等基本知识；（2）熟悉物业管理的基本理论和有关政策法规，掌握本地区有关物业管理要求、计费规定等；（3）掌握房屋完损标准、质量检测方法和安全管理的基本知识；

(4) 掌握物业管理的有关技术标准、修缮标准和管理标准；(5) 掌握房屋结构、设备、设施等修缮（维护）的基本知识；(6) 掌握计算机应用知识。

2. 岗位必备能力。(1) 具有建立健全部门岗位责任制和部门管理规章制度的能力；(2) 具有制订工作计划，并组织实施的能力；(3) 具有及时处理危漏房和房屋、设备、设施的抢修排险和火警匪警救护等突发事件的能力；(4) 具有宣传教育、组织各类活动及处理一般矛盾的能力；(5) 具有处理专项业务并能与相关机构协调的能力；(6) 具有熟练应用计算机进行管理的能力。

第二节　业主及业主委员会

一、业主的概念

业主指的是物业所有权人。按拥有物业所有权状况的不同，业主又可分为区分所有权人和独立所有权人。区分所有权人是指多人区分一幅地块上同一建筑物而有其专有部分，并就其共用部分按份拥有所有权者；独立所有权人是指某宗土地上的建筑物为某人或组织所独有。区分所有权人多见于居住物业，通常是一幢楼宇或一个小区有数十名乃至成百上千名业主；独立所有权人多见于非居住物业，如许多大型商厦、酒店、宾馆和纯出租的写字楼等，有时也见于独立的别墅物业。

因为物业的所有权人身份认定通常是以是否取得合法的产权证为前提的，而现实情况是，许多人签了房屋买卖合同、交了房款，不一定能马上拿到产权证。还有一种情况是发展商暂时没有卖出、呈现空置状态的物业，一般也不会有产权证。所以，国内一些地区为了保障物业权利的行使，在地方法规和行政规章中附加规定，已办理商品房预售、买卖合同登记且物业已交付使用的单位或个人，以及持有空置物业的建设单位，也是业主。

业主及其权利义务如下：

1. 业主的权利。作为物业的主人，单个业主最基本的权利就是依法享有所拥有的物业的各项权利、参与物业管理、要求物业管理企业依据《物业管理委托合同》提供相应的管理与服务的权利。这些权利，一方面包括依法对物业自用部位行使占有、使用、经营、处置、修缮、改建等基本权利和依法使用物业共用设备及设施、共用部位和公用设施、公共场所的权利，以及拥有对本物业重大管理决策的表决权；另一方面包括对物业管理企业提供的物业管理服务的监督、建议、批评、咨询、投诉的权利。归纳起来业主拥有十项权利：

(1) 按照物业服务合同的约定，接受物业管理企业提供的服务；

(2) 提议召开业主大会会议，并就物业管理的有关事项提出建议；

(3) 提出制订和修改业主公约、业主大会议事规则的建议；

(4) 参加业主大会会议，行使投票权；

（5）选举业主委员会委员，并享有被选举权；

（6）监督业主委员会的工作；

（7）监督物业管理企业履行物业服务合同；

（8）对物业共用部位、共用设施设备和相关场地使用情况享有知情权和监督权；

（9）监督物业共用部位、共用设施设备专项维修资金（以下简称专项维修资金）的管理和使用；

（10）法律、法规规定的其他权利。

单个业主的上述权利是由法律和业主公约及《物业管理委托合同》来保障和维护的，是通过业主大会和业主委员会来实现的。

2. 业主的义务。业主的权利与义务是对等的，在享有权利的同时，必须承担相应的义务。业主的基本义务就是遵守有关法律、法规、政策的规定及业主公约人《物业管理委托合同》所载明的各项条款，执行、服从业主大会及业主委员会的各项决议、决定。业主的各项行为必须合法，以不得损害公众利益和他人利益为前提。具体来说业主承担六项义务：

（1）遵守业主公约、业主大会议事规则；

（2）遵守物业管理区域内物业共用部位和共用设施设备的使用、公共秩序和环境卫生的维护等方面的规章制度；

（3）执行业主大会的决定和业主大会授权业主委员会作出的决定；

（4）按照国家有关规定缴纳专项维修资金；

（5）按时缴纳物业服务费用；

（6）法律、法规规定的其他义务。

小资料：

业主小组职责

现实物业管理中，每幢楼房内的业主可以通过协商推选若干名代表，组成业主房管小组或者业主小组。根据一些城市的经验和做法，一般是按照每500～1000平方米建筑面积产生一名小组成员。业主小组的职责是：

（1）代表和维护业主的合法权益，负责本幢楼房的管理；

（2）听取和反映业主和物业使用人对物业管理服务的意见和建议，向业主委员会或者物业管理企业反映；

（3）执行业主大会、业主委员会作出的决定；督促业主遵守业主公约和各项物业管理制度；

（4）提出本幢楼房修缮基金的筹集、使用和管理的建议；

（5）提出本幢楼房共用部位和共用设施设备的维修、更新建议；

（6）协助调解房屋使用以及房屋修缮等方面的矛盾。

二、业主委员会

（一）业主委员会的性质与宗旨

业主委员会是在物业管理区域内代表全体业主实施自治管理的组织，业主委员会是由业主大会从全体业主中选举产生，并经过合法登记的代表物业全体业主合法权益的社会团体，其合法权益受国家法律保护。业主委员会的一切活动都应当遵守国家法律、法规，遵守物业管理规定以及有关群众团体的有关规定。

业主委员会的宗旨是代表本物业的合法权益，实行业主自治与专业化管理相结合的管理体制，保障物业的合理与安全使用，维护本物业管理区域的公共秩序，创造整洁、优美、舒适、安全、文明的环境。

（二）业主委员会的产生与章程

1. 业主委员会的选举产生。同一个物业管理区域内的全体业主，应当“在物业所在地的区、县人民政府房地产行政主管部门的指导下成立业主大会，并选举产生业主委员会”。召开业主大会应有过半数以上具有投票权的业主出席，对业主委员会的选举也必须有过半数投票权的业主的同意才能通过。

业主委员会委员必须由业主担任，一般设委员5～15名，经业主大会决定可以适当增减，但最低不得少于5名。业主委员会设主任、副主任、秘书和其他干事。主任、副主任在业主委员会委员中推选产生。

业主委员会应当自选举产生之日起一定日期内，持成立业主委员会登记申请书、业主委员会委员名单、业主委员会章程、办公场所证明文件以及其他需要的材料，向物业所在地的区、县人民政府房地产行政主管部门备案。

2. 业主委员会章程。业主委员会章程是业主委员会进行各项活动的规范性文件，一般应当包括以下内容：业主委员会的名称、地址、物业管理区域范围；业主委员会的性质、主管部门及宗旨；组织机构的设立及职责；组织原则；业主委员会委员的条件及委员产生程序；业主委员会的权利、义务；经费来源及经费账目管理；工作制度及会议制度；业主委员会章程生效、修订等有关事宜。

（三）业主委员会的权利与义务

1. 业主委员会的权利。业主委员会具有法律规定的以下几项权利：召集和主持业主大会；修订业主公约、业主委员会章程；决定聘请或解聘物业管理企业；审议物业管理服务费收取标准及使用办法；审议年度管理工作计划、年度费用概预算；检查、监督物业管理企业的物业管理工作；监督公共建筑、公共设施的合理使用，负责物业维修基金的筹集、使用和管理。

2. 业主委员会的义务。业主委员会具有法律规定的以下几项义务：筹备并向业主大会报告工作；执行业主大会通过的各项决议，接受广大业主的监督；贯彻执行并督促业主遵守物业管理及其他有关法律、政策规定，协助物业管理企业落实各项管理工作，对住户展开多种形式的宣传教育；严格履行物业管理委托合同，保障本物业各项管理目标的实现；接受政府行政管理机构的监督指导，执行政府行政部门对物业的管理事项提出的指令和要求。

（四）业主委员会会议

业主委员会会议包括例行会议和特别会议。业主委员会例行会议是业主委员会的常规会议，一般应当每季度召开一次。有1/3的委员提议或者主任、副主任认为有必要时，可以召开特别会议。召开业主委员会应当有过半数的委员参加，由主任或副主任主持。召集人应当提前将会议通知书及有关材料送达每位委员。委员因故不能参加，可以一次性书面委托代理人参加，并代其行使表决权。

召开业主委员会会议时，可以邀请政府行政主管部门、居民委员会、物业管理企业、政府有关部门如街道办事处、公安派出所等人员以及非业主物业使用人代表参加。

业主委员会会议决定问题，采取少数服从多数的原则。执行秘书应当做好会议记录，并由会议主持人签名认可后存档。涉及物业管理的重大问题应当由与会的全体委员签名认可。

三、业主大会

业主大会是代表和维护物业管理区域内全体业主在物业管理活动中的合法权益的自治自律组织。具体来讲，业主大会是代表物业管理区域内全体业主在物业管理活动中的合法权益的群众团体和物业监督管理组织，也是代表物业管理区域内全体业主实施自治自律管理的组织。

（一）第一次业主大会

1. 第一次业主大会成立的条件。同一个物业管理区域内的业主，应当在物业所在地的区、县人民政府房地产行政主管部门的指导下成立业主大会，并选举产生业主委员会。对于只有一个业主的，或者业主人数较少且经全体业主一致同意，决定不成立业主大会的，由业主共同履行业主大会、业主委员会职责。

> 提示：
> 《物业管理条例》第九条要求“一个物业管理区域成立一个业主大会”。

各地对房地产行政主管部门如何指导业主大会的成立应按照地方物业管理条例规定进行。如《武汉市住宅区物业管理条例》规定，住宅区入住率达到50%以上或者住宅区房屋交付使用满两年时，由所在地的区房地产行政管理部门会同开发建设单位、街道办事处或者镇（乡）人民政府召集第一次业主大会，选举产生业主委员会。《深圳经济特区住宅区物业管理条例》规定：“住宅区入住率达到50%以上或者自第一个业主入住之日起满两年的”，可以成立业主大会。《上海市居住区物业管理条例》规定，一个物业管理区域内，有下列情况之一的，即可以召开第一次业主大会或者业主代表大会，选举产生业主委员会：（1）公有住宅出售建筑面积达到30%以上的；（2）新建商品住宅出售建筑面积达到50%以上的；（3）住宅出售已满两年的。

2. 第一次业主大会召开的程序：

（1）由大会筹备组成员代表筹备组介绍大会筹备情况；

（2）由大会筹备组成员代表筹备组介绍业主委员会候选人情况，候选人本人也可以自我介绍；

(3) 审议、通过业主大会议事规则和业主公约；

(4) 选举产生业主委员会委员；

(5) 审议、通过与物业管理相关的重大事项。

(二) 业主大会的投票权

我国《物业管理条例》规定，业主在首次业主大会会议上的投票权，根据业主拥有物业的建筑面积、住宅套数等因素确定，具体办法由省、自治区、直辖市制定。

各地对于如何确定业主表决权的问题，规定尽管各不相同，但多数城市还是按照业主的个数来考虑的。例如，《武汉市住宅物业管理条例》规定：出席业主大会的业主所代表的表决权……每拥有一成套住宅的业主享有一票表决权。《北京市房屋土地管理局关于开展组建居住小区物业管理委员会试点工作的通知》中规定，产权人投票实行每一单元房一票。《上海市居住物业管理条例》则基本上按照业主人数确定，一人一票。《厦门市住宅区物业管理条例》规定按建筑面积每平方米一个表决权或每一份额一个表决权。《深圳经济特区住宅区物业管理条例》规定：各类房屋按照建筑面积每10平方米计算为一票；不足10平方米的，5平方米及5平方米以上的计算为一票；不足5平方米的不计票。

(三) 业主大会的职责

业主大会的法定职责如下：制定、修改业主公约和业主大会议事规则；选举、更换业主委员会委员，监督业主委员会的工作；选聘、解聘物业管理企业；决定专项维修资金使用、续筹方案，并监督实施；制定、修改物业管理区域内物业共用部位和共用设施设备的使用、公共秩序和环境卫生的维护等方面的规章制度；法律、法规或者业主大会议事规则规定的其他有关物业管理的职责。

(四) 业主大会会议的召开

1. 业主大会召开的时间。第一次业主大会成立以后，业主大会的召开包括定期会议和临时会议（或叫特别会议）。定期会议一般每年至少召开一次。因此，定期会议也称为年度会议。临时会议或者称特别会议的召开须经20%以上的业主提议，这是召开业主大会临时会议的基本条件。

召开业主大会会议，业主委员会应当于会议召开15日以前，将业主大会召开会议时间、地点、内容、方式以及其他事项予以公告或者送达每位业主。

2. 业主大会会议召开的形式。业主大会可以采取集体讨论形式，也可以采取书面征求意见方式。

3. 业主大会召开的法定人数。业主大会应当有物业管理区域内持有1/2以上投票权的业主参加方可召开。业主可以委托代理人参加业主大会会议，但必须办理合法的委托手续。

4. 业主大会作出决定的法定人数。业主大会通过普通决议的法定人数必须是与会业主所持投票权的1/2以上人数。对作出特别事项的决定，《物业管理条例》对其法定人数作出如下规定：业主大会作出制定和修改业主公约，业主大会议事规则，选聘、解聘物业管理企业，专项维修资金使用、续筹方案的决定，必须经物业管理区域内全体业主所持投票权 2/3 以上通过。

5. 业主公约。业主公约是一种公共契约，属于协议、合约的性质，是由业主承诺的，由全体业主共同约定、相互制约、共同遵守的有关物业使用、维护、管理及公共利益等方面的行为准则。为了搞好前期物业管理，建设单位应当在销售物业之前，制定业主临时公约。

业主公约一般由政府房地产行政主管部门统一制订《示范文本》，业主大会可以根据本物业管理区域的实际情况进行修改补充。其主要内容是：

(1) 有关物业的使用、维护和管理应包括物业管理区域的名称、地点、面积及户数；共用场所及共用设施设备状况；建筑物各项维修、养护、管理和物业服务费用、专项维修资金以及依照业主大会决定的有关分摊费用等的缴纳等内容。

(2) 业主的共同利益。包括业主使用建筑物和物业管理区域内其他共用场所、共用设施设备的权益；业主在本物业管理区域内应当遵守的行为准则；业主大会的召集程序及决定重大事项的方式等内容。

(3) 业主享有的权利与应当履行的义务。主要根据《物业管理条例》中相关业主权利与义务予以规范。

(4) 违反业主公约的法律责任。也是根据《物业管理条例》有关法律责任条款予以明确。

(5) 其他应当约定的有关事项。

(五) 业主公约示范文本

业 主 公 约

为加强本物业的管理，维护全体业主和物业使用人的合法权益，维护公共环境和秩序，保障物业的安全与合理使用，根据国家有关物业管理的法规政策制订本公约。全体业主和物业使用人均须自觉遵守。

一、在使用、经营、转让所拥有物业时，应遵守物业管理法规政策的规定。

二、执行业主委员会或业主大会的决议、决定。

三、委托物业管理企业负责房屋、设施、设备、环境卫生、公共秩序、保安、绿化等管理，全体业主和物业使用人应遵守物业管理企业根据政府有关法规政策和业主委员会委托制定的各项规章制度。

四、全体业主和物业使用人应积极配合物业管理企业的各项管理工作。

五、业主或物业使用人对物业管理企业的管理工作如有意见或建议，可直接向物业管理企业提出，发生争议时可通过业主委员会协调解决。

六、加强安全防范意识，自觉遵守有关安全防范的规章制度，做好防火防盗工作，确保家庭人身财产安全。

七、业主或物业使用人装修房屋，应遵守有关物业装修的制度，并事先告知物业管理企业。物业管理企业对装修房屋活动进行指导和监督，并将注意事项和禁止行为告知业主和物业使用人。业主或物业使用人违规、违章装修房屋或妨碍他人正常使用物业的现象(如渗、漏、堵、冒等)，应当及时纠正，造成他人损失的应承担赔偿损失，对拒不改正的，物业管理公司可采取相应措施制止行为，并及时告知业主委员会并报有关行政管理部门依法处理。

八、业主如委托物业管理企业对其自用部位和毗连部位的有关设施、设备进行维修、养护，应支付相应费用。

九、凡房屋建筑及附属设施设备已经或可能妨碍、危害毗连房屋的他人利益、安全，或有碍外观统一、市容观瞻的，按规定应由业主单独或联合维修、养护的，业主应及时进行维修养护；拒不进行维护的由业主委员会委托物业管理理企业进行维修养护，其费用由当事业主按规定分摊。

十、与其他非业主使用人建立合法租赁关系时，应告知并要求对方遵守本业主公约和物业管理规定，并承担连带责任。

十一、在本物业范围内，不得有下列行为：

1. 擅自改变房屋结构、外貌（含外墙、外门窗、阳台等部位的颜色、形状和规格）、设计用途、功能和布局等；

2. 对房屋的内外承重墙、梁、柱、板、阳台进行违章凿、拆、搭、建；

3. 占用或损坏楼梯、通道、屋面、平台、道路、停车场、自行车房（棚）等公用设施及场地；

4. 损坏、拆除或改造供电、供水、供气、供暖、通讯、有线电视、排水、排污、消防等公用设施；

5. 随意堆放杂物、丢弃垃圾、高空抛物；

6. 违反规定存放易燃、易爆、剧毒、放射性等物品和排放有毒、有害、危险物质等；

7. 践踏、占用绿化用地，损坏、涂划园林建筑小品；

8. 在公共场所、道路两侧乱设摊点；

9. 影响市容观瞻的乱搭、乱贴、乱挂、设立广告牌；

10. 随意停放车辆；

11. 聚众喧闹、噪声扰民等危害公共利益或其他不道德的行为；

12. 违反规定饲养家禽、家畜及宠物；

13. 法律、法规及政府规定禁止的其他行为。

十二、人为造成公用设施设备或其他业主设施设备损坏，由造成损坏责任人负责修复或赔偿经济损失。

十三、按规定缴纳物业管理企业应收取的各项服务费用。

十四、业主使用本物业内有偿使用的文化娱乐体育设施和停车场等公用设施、场地时，应按规定缴纳费用。

十五、自觉维护公共场所的整洁、美观、畅通及公用设施的完好。

十六、加强精神文明建设，弘扬社会主义道德风尚，互助友爱，和睦相处，共同创造良好的工作和生活

四、非业主使用人

（一）非业主使用人的概念

非业主使用人是指业主以外合法使用物业的租户或其他人。住宅区、写字楼、商业大厦、工业厂房等许多物业都存在出租使用的情况，这也是物业作为高价值且耐久使用的不动产与其他商品在交易形式上的截然不同。现时中的物业有的是部分出租，有的是全部出租，也有的是出售后由小业主的零星出租，甚至还有两次或多次出租的情况。在住房改革中部分住户未参加房改，依然租住公房；政府出资的新建住宅区，一部分作为经济适用房出售，一部分作为廉租房出租给低收入阶层居民，商品住宅区某一幢或几幢楼宇整体用于安置拆迁户。凡此种种，大量存在着业主与非业主使用人并住的情况，如何处理好二者的利益关系，维护好各自的权益，是对物业管理工作提出的新挑战。

（二）非业主使用人的权利和义务

非业主使用人主要是房屋租赁关系中的承租人，他的权利来自于法律、法规的规定和业主公约的授权。在业主较多而占支配地位的情形下，为了防止业主侵害非业主使用人的合法权益，法律、法规对非业主使用人的权益有特殊保障。如建设部发布的《城市房屋租赁管理办法》和各地施行的“出租屋管理规定”，都对房屋租赁当事人的权利和义务作出了规定。

第三节　物业管理企业与有关方面的关系

一、物业管理企业与房地产开发企业的关系

（一）组织关系

物业管理企业与房地产开发企业的组织关系，一般有两种情况：一种是房地产开发企业自身进行物业管理，所设的物业管理公司为其下属的分支机构或子公司，二者是从属关系，目前国内这种关系占有较大比重。另一种是房地产开发企业以原始业主的身份在物业建成以后负责第一次选聘物业管理公司，这时二者之间是一种短期合同关系。当业主委员会成立后，选聘物业管理公司的工作则由业主委员会负责，房地产开发企业在原始资料移交后，与物业管理公司基本上将不再发生联系。

（二）业务关系

物业管理企业与房地产开发企业的业务活动既密切相关又有相对独立性。一方面，房地产开发建设为物业管理提供一定的物质基础，房地产开发项目设计与建造质量及环境的优劣，将直接影响到日后物业管理的开展，因此物业管理企业必须与房地产开发企业保持良好的关系，尽可能做到物业管理能早期介入，以确保和提高房地产开发建设的质量；另一方面，虽然物业管理可以看做是房地产开发的延续和完善，但物业管理企业与房地产开发企业的活动范围却各有侧重点，房地产开发企业主要涉及

物业的建设、流通和消费的前期活动，而物业管理企业则是对已建成并投入使用的各类物业实施全方位的综合管理与服务，其主要活动领域在物业的消费阶段。

因此，无论二者是从属关系还是一种短期的合同关系，在管理活动中必须明确二者的责任。比如，因设计、施工或材料原因造成的物业质量事故应明确由开发企业承担修缮责任；若属使用不当、管理不善造成的质量事故则由物业管理企业承担相应责任。

二、物业管理企业与政府行政主管部门的关系

（一）物业管理企业与房地产行政主管部门的关系

房地产行政主管部门对物业管理企业的监管与指导主要体现在以下三个方面：

1. 组织物业管理企业参加考评和评比。根据建设部《全国优秀管理住宅小区标准》，房地产行政主管部门通过实地考查、听取汇报、查阅资料、综合评定等方法，对申报达标的物业管理区域进行达标考核。考评合格的，发给达标合格证书。

2. 负责对物业管理企业的经营资质审批。按照《物业管理企业资质管理办法》的规定，国务院建设主管部门负责一级物业管理企业资质证书的颁发和管理。省、自治区人民政府建设主管部门负责二级物业管理企业资质证书的颁发和管理，直辖市人民政府房地产主管部门负责二级和三级物业管理企业资质证书的颁发和管理，并接受国务院建设主管部门的指导和监督。

3. 对物业管理人员进行职业技能培训。为了提高物业管理人员的业务素质，推进物业规范化管理，房地产行政主管部门与劳动管理部门密切配合，通过组织开展对物业管理从业人员的职业技能培训，实现物业管理人员的持证上岗和在职继续教育。

（二）物业管理企业与工商、税务和物价等行政部门的关系

物业管理企业必须接受工商行政管理部门的监督与指导；物业管理企业要依法向税务部门纳税；物业管理企业应接受物价部门的物价监督与管理。此外物业管理企业的保安工作要接受当地公安部门的监督与指导，配合综合治理办公室搞好物业区域的治安保卫工作；保洁工作应接受环卫管理部门的监督与指导，搞好物业区域的环境卫生工作；环保工作要在环保部门指导下开展，为住户创造良好的生活、工作、学习环境；绿化工作要接受园林管理部门的监督与指导。

三、物业管理企业与业主委员会的关系

物业管理实行业主自治和专业化管理相结合的管理体制。业主委员会体现业主自治，物业管理企业体现专业化管理，二者共同管理着一定范围的物业。这就决定了他们之间具有一定的法律关系和经济关系。

从法律关系来看，业主委员会与物业管理企业是委托者和受托者的关系，是聘用与受聘的关系。在法律上，业主委员会有决定委托或不委托、聘用或不聘用某个物业管理企业的权利，物业管理企业也有接受或不接受委托、受聘或拒聘的权利。两者无隶属关系，不存在领导和被领导的关系，也不存在管理和被管理的关系，两者在法律上是平等的。

从经济关系来看，物业管理企业提供的物业管理服务是有偿的，在提供一定

的物业管理服务的同时，应获得相应的报酬。同样，业主在享受到这些管理服务的同时，也应付出相应的费用。物业管理企业与业主方面的这种经济关系是通过物业管理委托合同确认和保证的。合同签订后，双方分别承担不同的权利和义务。物业管理企业应按合同规定及要求提供相应的管理服务，向业主委员会及广大业主负责，并在日常工作中接受他们的监督；同时，业主委员会及广大业主应协助物业管理企业开展工作，并按时缴交物业管理委托合同写明的各项费用。双方在经济关系上也是平等的。

综上所述，二者的关系体现在以下两个方面：

1. 在法律上，双方是平等的民事主体关系，没有谁领导谁、谁管理谁的问题。

2. 在经济上，双方是平等的聘用与被聘用、委托与被委托、服务与被服务的关系。

四、物业管理企业与社区居民委员会的关系

社区居民委员会是居民群众的自治组织，同时又兼有一定的基层政府职能。主要负责小区内的行政工作，配合政府搞好各项活动，如向居民传达政府的最新指示及精神，倡导居民进行爱国卫生运动，加强居民的精神文明素质，宣传计划生育等。

物业管理企业应当配合居民委员会开展社会管理、社区服务工作，共同做好社区综合治理工作、老龄工作、妇女工作、计划生育工作、青少年教育工作，积极推进社区精神文明建设和文化建设。

附：××小区业主委员会章程（示范文本）

第一章　总　　则

第一条　组织名称、地址

名称：××城市花园业主委员会（以下简称“委员会”），所辖区域范围：××城市花园一期、二期。

地址：××市区××街道办××路

第二条　本委员会是本住宅区业主对物业实行自治管理的群众性组织。

本委员会由业主大会选举产生，是业主大会的常设执行机构，向业主大会负责并报告工作。

本委员会自物业管理行政主管部门登记备案之日起成立。每届任期两年，可以连选连任。

第三条　本委员会接受物业管理行政主管部门的监督、指导。

第四条　本委员会的宗旨是：代表和维护全体业主、使用人的合法权益，保障物业的合理、安全使用，维护本物业管理区域内的公共秩序，创造整洁、优美、安全、舒适、文明的工作和居住环境。

第二章　组织机构及职责

第五条　本委员会的组成：设主任1名，副主任4名，委员12名，聘任执行秘书1名。

第六条　本委员会的权利：

（一）根据业主大会的决定，与其选聘的物业管理企业签订、变更或解除物业管理委托合同；

（二）检查、监督物业管理企业的物业管理工作情况；

（三）审议物业管理服务收费标准；

（四）负责维修基金的筹集和使用管理；

（五）监督公共建筑、公共设施设备和物业管理办公、经营用房的使用情况；

（六）业主大会赋予的其他权利。

第七条　本委员会的义务：

（一）向业主大会报告工作；

（二）执行业主大会通过的各项决议，接受业主的监督；

（三）监督业主遵守业主公约，协助物业管理企业落实各项管理制度；

（四）履行物业管理委托合同，保障物业管理区域内各项管理目标的实施；

（五）协助物业管理企业收取物业管理服务费及其他代收费；

（六）配合物业管理公司，每半年公开维修基金的使用；

（七）建立本会档案制度；

（八）接受物业管理行政主管部门的监督、指导。

第八条　本委员会作出的决定，不得与法律、法规、规章相抵触，不得违反业主大会的决定，不得损害国家利益和公共利益。

第三章　成员产生及职责

第九条　本委员会委员由业主大会从业主中选举产生，委员可连选连任。

第十条　委员名额分配，坚持按产权份额与代表性相结合的原则。

自然人业主当选委员，由业主本人担任；法人业主当选委员，由法人委派人员担任。

第十一条　委员应符合下列条件：

（一）遵守国家法律和物业管理有关规定；

（二）热心公益事业；

（三）组织协调能力较强，在业主中有威信；

（四）身体健康，有行为能力；

（五）办事公道，品行端正，无劣迹。

第十二条　委员的职责：

（一）参加委员会召开的会议和组织的活动；

（二）审议会议的议案和报告；

（三）参与委员会的决策；

（四）听取业主、使用人的意见和建议；

（五）向委员会提出议案、建议和意见；

（六）完成委员会交办的有关工作。

第十三条　委员有下列情形之一的应停任：

（一）已不是业主；

（二）未经批准连续三次不出席委员会会议的；

（三）辞职被接受的；

（四）因患病丧失履行职责能力的；

（五）有违法犯罪行为或正在接受审查的；

（六）其他原因不适宜担任委员的。

第十四条　委员的停任和增补，由委员会提名，提交业主大会批准。委员会应书面说明停任和增补的理由，并提供有关材料。

第十五条　委员停任时，须在停任后1周内将管理和保存的属于本委员会的资料、财物等移交给本委员会。

第十六条　本委员会主任、副主任从委员中选举产生。

主任的职责：

（一）负责召开委员会会议；

（二）负责主持召开业主大会；

（三）代表本委员会对外签约或签署文件；

（四）管理印章；

（五）经业主大会、委员会授权的其他职责。

第十七条　本委员会执行秘书由主任提名，由委员会会议通过，负责处理委员会的日常事务。

第十八条　本委员会的主任、副主任和执行秘书，可按业主大会讨论通过的补贴标准给予适当补贴，具体补贴标准为：主任每月补助××元，副主任每月补助××元，执行秘书每月补助××元。

第四章　会　　议

第十九条　本委员会成立后，每年至少召开一次业主大会。

经有20%以上持有投票权的业主提议，可以临时召开业主大会。本委员会应于接到该项提议后10日内，召开临时业主大会。

第二十条　业主大会应按幢或按一定比例邀请物业使用人以及街道办、居委会列席会议。列席会议人员没有表决权。

第二十一条　召开业主大会，应当有过1/2业主出席。会议决议、决定应当经与会业主过半数通过。制定和修改业主公约、业主大会议事规则、选聘和解聘物业管理企业、专项维修资金使用和续筹方案的决定，必须经物业管理区域内全体业主所持投票权2/3以上通过。

第二十二条　本委员会每三个月召开一次会议。有1/3以上委员提议或主任、副主任认为有必要时，应在一周内组织召开本委员会的特别会议。

第二十三条　本委员会会议必须有超过半数委员出席，作出的决议，决定须经全体委员过半数通过。

第二十四条　本委员会会议决定问题，采取少数服从多数的原则。会议进行表决时，每一委员有一表决权。若表决中出现赞成票数与反对票数相等时，由主任或会议主持人增投决定性一票。

第二十五条　本委员会会议由主任召集、主持，主任因故缺席时，由副主任主持。会议召集人应提前7天将会议通知及有关材料送达每位委员。委员因故不能参加会议的，作为缺席。

第二十六条　本委员会讨论重大事项，可以邀请物业管理行政主管部门及政府有关部门（街道办事处、居委会等）、物业管理企业和物业使用人代表列席会议，并认真听取列席人员的意见。

第二十七条　本委员会执行秘书应做好每次会议的记录，并由主持人签署后存档。涉及物业管理重大事项的会议记录，应由出席会议的全体委员签署。

第二十八条　本委员会任期届满3个月前，组织召开业主大会，换届选举新一届业主委员会。

第五章　经费与办公场所

第二十九条　本委员会经费从经营用房经营收入中列支；无经营收入或收入不够的，由业主分摊。

第三十条　本委员会的经费开支包括：业主大会、委员会的会议费；有关人员的津贴；刻制印章、挂牌费；必要的日常办公费用。

经费收支账目可委托物业管理企业负责代管，每季度向本委员会汇报，每年度向业主大会报告。

第三十一条　物业管理办公用房应严格按规定用途使用，不得以任何形式抵押、转让、变更或出租、借用给物业管理单位以外的任何单位和个人。

物业管理经营用房，应严格按约定或法定使用。

第六章　附　　则

第三十二条　本章程或本章程的修订经业主大会通过后生效。本章程未尽事项，由业主大会补充。

业主大会通过的有关本章程的决定，是本章程的组成部分。

第三十三条　解散本委员会，须经业主大会讨论决定，并到物业管理行政主管部门注销登记备案。

第三十四条　制定和修订的本章程，应报物业管理行政主管部门备案。

【案例阅读】

该不该交物业管理费?

徐先生花费大量时间和金钱刚刚装修好的房子，被楼上住户跑水搞得厨房、卫生间、客厅部分屋顶浸泡起皮。找到楼上业主，答复是他家一点也没有漏，并且很不情愿配合检查问题。虽说经物业公司工程人员多次协调已解决了问题，但徐先生心里还是不痛快，认为物业在装修管理上没有尽到责任，所以拒绝缴纳物业管理费。他询问：对物业公司的服务不满意，是否可以不交物业管理费？

[分析]

1. 业主混淆了不同的法律关系，该案涉及不同的法律关系，包括业主与开发商、业主与物业管理公司、业主与业主之间的法律关系。

2. 楼上跑水可能由两种原因引起：房屋质量不好导致水渗漏或者楼上业主过失导致跑水，但无论哪种原因引起都与物业管理公司无关，不涉及物业管理公司与业主的法律关系。

3. 房屋质量不好导致水渗漏涉及业主与开发商之间基于房屋买卖合同而产生的合同法律关系，开发商交付的房屋存在瑕疵导致水管跑水致使业主遭受损失，开发商应当承担违约赔偿责任。

4. 楼上业主过失导致跑水涉及业主之间基于侵权行为而产生的侵权法律关系，楼上业主的过错导致楼下业主房屋遭受损失，该行为已经构成对楼下业主财产权利的侵犯，构成侵权应当承担侵权赔偿责任。

5. 物业管理公司在本案中只涉及对受损业主家内部的维护和修缮。由于受损部分不属于公共设施、公共区域，该部分的物业服务不属于物业管理费所涵盖的服务范围，而属于特殊的物业管理服务，对该部分维修应当另行支付费用，业主没有理由拒缴物业管理费。

[结论]

业主以对管理服务不满意为由拒缴物业管理费，实际上是混淆了业主和小区物业管理委员会（下称“管委会”）之间的权利义务。依据法律、法规的规定或约定，任意一个业主无权单独对物业管理公司的收费标准、物业管理费的使用和管理以及物业服务质量提出异议，业主无权以此作为对抗原告诉讼主张的抗辩事由。理由是：

首先，物业管理公司并不只是为某一个或几个业主单独提供服务，而是基于开发商的委托、全体业主的共同委托或代表全体业主共同利益的管委会的委托，为整个小区提供物业管理服务，物业管理公司与业主的合同关系并不是通常的一对一的合同关系，而是一对整体业主的合同关系。

其次，物业管理费是用于整个小区维护保养、维持小区正常、持续运行所必须的费用，（见《北京市普通居住小区物业管理服务收费暂行办法》第二条）并非物业管理公司的经营性收入。如果允许任何一个业主任意以物业管理公司服务存在瑕疵或对物业管理费使用存在疑问为由拒付物业管理费，则必然导致物业管理费入不敷出、物业管理公司因缺乏资金对小区的维护管理将难以为继，这必然导致全体业主（包括欠费的业主）的共同利益遭受损害。

因此，对于物业管理公司收取并使用、管理物业管理费的问题，相关法律、法规设计了一整套完整的监督机制，即业主将其对物业管理公司的监督权让给代表全体业主利益的管委会行使；同时，业主赋予管委会对物业管理公司使用和管理物业管理费以及各种维修基金检查和监督的权利、“予以制止并要求其限期改正”、解聘物业管理公司以及代表全体业主向物业管理公司提出起诉要求赔偿业主损失的权利。

与此相对应的是，任何业主无权单独向物业管理公司提出对各项收费标准、对物业管理费的使用和管理异议，且无权以前述异议为抗辩理由对抗业主缴纳物业管理费、代缴费用的义务，只“有权向物业管理委员会投诉或者向房屋土地管理机关反映”。

只有在这种法定的机制下，才既能体现业主对物业管理公司的监督，又能保证物业管理公司对小区维护管理的顺利开展，最终确保全体业主的整体利益。（见《北京市房屋土地管理局关于开展组建居民小区物业管理委员会试点工作的通知》第三项“管委会的职责”、《北京市居住小区物业管理办法》第十七条的相关规定。）

由此可见，业主将对物业管理公司使用物业管理费以及各项物业管理工作完成情况的监督审核工作的权利赋予了管委会，业主个人无权对此提出异议，也不能以此作为拒缴物业管理费的抗辩理由。

【关键概念】业主　业主大会　业主委员会　物业管理企业

复习思考题

一、填空题

1. 所谓(　　)是指具有法人资格，根据合同接受业主或者业主管理委员会的委托，依照有关(　　)、(　　)的规定对物业实行专业化管理与服务，并收取报酬的经济法人实体。

2.《物业管理条例》第三十二条规定：(“　　”)。

3. (“　　”)，是指物业管理公司应当是依据《中华人民共和国公司法》设立，从事物业管理活动，(　　)、(　　)、(　　)的具有(　　)的经济组织。

4.《物业管理条例》第三十三条规定：(“　　”)。

5.“全国物业管理从业人员岗位证书”由(　　)会同住宅与房地产司(　　)，(　　)、(　　)。

6. (　　)是指物业的所有人，即房屋所有权人和土地使用权人，是所拥有物业的主人。

7. (　　)的宗旨是代表本物业的合法权益，实行业主自治与专业化管理相结合的管理体制，保障物业的合理与安全使用，维护本物业管理区域的公共秩序，(　　)、(　　)、(　　)、(　　)、(　　)的环境。

8.《物业管理条例》规定，业主在首次业主大会会议上的(　　)，根据业主拥有物业的(　　)、(　　)等因素确定。

9. (“　　”) 是一种公共契约，属于协议、合约的性质，是由业主承诺的，由全体业主(　　)、(　　)、(　　)的有关物业使用、维护、管理及公共利益等方面的行为准则。

二、单项选择题

1. (　　)对公司运作全面负责，是公司一切重大问题的决策者，负责布置和协调副经理的工作。

A. 经理　　B. 职员

C. 主任　　D. 负责人

2. 一级资质的物业管理公司注册资本人民币(　　)万元以上。

A. 300　　B. 500

C. 600　　D. 50

3. (　　), 建设部印制了《全国物业管理从业人员岗位证书》并制定了证书管理办法。

A. 1999年11月23日　　B. 1997年1月5日

C. 1998年12月2日　　D. 1996年3月21日

4. "全国物业管理从业人员岗位证书"由(　　)统一印制。

A. 劳动部人事教育司　　B. 财政部人事教育司

C. 建设部人事教育司　　D. 统计部人事教育司

5. (　　), 是代表和维护物业管理区域内全体业主在物业管理活动中的合法权益的自治自律组织。

A. 业主委员会　　B. 业主大会

C. 业主　　D. 办事处

三、多项选择题

1. 物业管理公司的所有制性质, 可以是(　　)。

A. 全民　　B. 集体

C. 私营　　D. 外商投资企业

2. 从物业管理企业内部的运作来看, 分为(　　)三大类。

A. 管理型物业管理企业　　B. 顾问型物业管理企业

C. 咨询型物业管理企业　　D. 综合型物业管理企业

3. 从物业管理企业与物业的产权关系来看, 可分为(　　)两大类。

A. 委托服务型物业管理企业　　B. 顾问型物业管理企业

C. 自主经营型物业管理企业　　D. 综合型物业管理企业

4. 业务部主要负责公司的总体运作, 协调下列各职能部门的各项工作, 一般可设(　　)。

A. 房屋管理维修部　　B. 经营开发部

C. 保安部　　D. 环境管理部

E. 设备工程部

5. 根据建设部2004年发布的《物业管理条例》规定, 物业管理企业资质分为(　　)。

A. 一级资质　　B. 二级资质

C. 三级资质　　D. 四级资质

6. 下列属于业主权利的有(　　)。

A. 提议召开业主大会会议, 并就物业管理的有关事项提出建设

B. 参加业主大会会议，行使投票权

C. 选举业主委员会委员，并享有被选举权

D. 监督业主委员会的工作

7. 下列属于业主义务的有(　　)。

A. 遵守业主公约、业主大会议事规则

B. 按照国家有关规定缴纳专项维修资金

C. 按时缴纳物业服务费用

D. 法律、法规规定的其他义务

8. 第一次业主大会成立以后，业主大会的召开包括(　　)。

A. 定期会议　　B. 临时会议

C. 全体会议　　D. 局部会议

四、判断题

1. 物业管理公司是独立核算的企业。(　　)

2. 物业管理公司的“产品”只有一个，那就是服务。(　　)

3. 使用人可以是业主，也可以是业主以外的单位或个人。(　　)

4. 业主委员会委员必须由业主担任，一般成员有 8 ~ 20 名，经业主大会决定可以适当增减，但最低不得少于 3 名。(　　)

5.《物业管理条例》第九条要求“一个物业管理区域成立多个业主大会”。(　　)

6. 业主大会应当有物业管理区域内持有 1/3 以上投票权的业主参加方可召开。(　　)

五、填图题

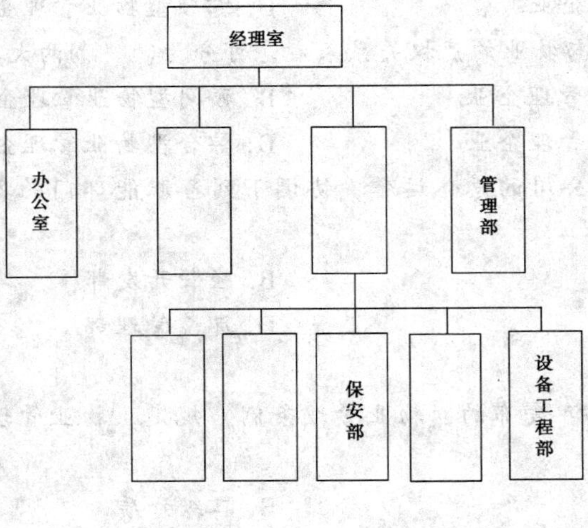

六、简答题

1. 简述物业管理企业经理岗位规范。

2. 简述物业管理企业部门经理、管理员岗位规范。

3. 业主委员会章程是业主委员会进行各项活动的规范性文件，一般应当包括哪些内容。

4. 简述业主委员会权利与义务。

5. 简述第一次业主大会召开的程序。

6. 简述业主大会的职责。

7. 简述公约的主要内容。

8. 简述物业管理企业与房地产行政主管部门的关系。

9. 简述物业管理企业与工商、税务和物价等行政部门的关系。

10. 简述物业管理企业与业主委员会的关系。

第三章 DISANZHANG

物业管理的招标与投标

学习目标

- □ 掌握物业管理投标、招标的方式方法
- □ 熟悉招标、投标书的规范化要求
- □ 了解物业管理市场引入竞争机制后，规范物业管理市场活动的重要性

第一节　物业管理招标投标概述

招标与投标是伴随社会经济的发展而产生并不断发展的高级的、有组织的、规范的交易运作方式。它是一种引入竞争机制、适用范围极为广泛的市场行为，被广泛运用于当今强调竞争与效率的世界经济活动中。

物业管理招投标是物业管理的社会化、专业化、市场化特点的体现，是物业管理规范化动作的必然要求。物业管理的招投标已成为业主选聘物业管理企业的主要方式。

从行业和企业发展的角度来看，只有在公开、公平、公正的市场竞争机制下，才能保证一批观念新、效益好、实力强、规模大、机制活的优秀物业管理企业在市场竞争中凭借自身的优势脱颖而出。只有通过企业的自我完善和创新，通过企业间相互的竞争交流，整个行业才能实现进步和提高。最终才能降低物业管理成本，提升物业管理服务质量，让消费者和物业管理企业取得共赢。

1999 年 8 月 30 日全国人大常委会第九届十一次会议通过的我国第一部《招投标法》，确立了强制性的招标制度。

投标是对招标的回应，是竞做承包者的行为。它是指承包者按照招标公告的要求与条件，提出投标方案的法律行为。凡持有企业法人营业执照、资质证书，符合招标者要求的企业，不论其经济形式都可以参加投标。

招标过程包括招标和投标两个最基本的环节。

一、物业管理招投标的意义与特点

（一）物业管理招投标的含义

物业管理招标是指物业所有权人或其法定代表的开发商或业主委员会，在为其物业选择管理者时，通过制作符合其物业管理服务要求和标准的招标文件向社会公开，由多家竞投的物业管理企业竞投，从中选择最佳对象，并与之订立物业管理合同的过程。招标承包中“的标”，也叫“标的”，是指“拟发包工程项目内容的标明”。

物业管理投标是指符合招标文件要求的物业管理企业，根据招标文件中确定的各项管理服务要求与标准，根据国家有关法律、法规与本企业的实力，编制投标文件，参与物业管理竞标，以求通过市场竞争获得物业管理权的过程。

通过招标与投标，使物业管理供需主体在平等互利的基础上建立起一种新型的劳务商品关系。没有招标就不会有供应商或承包商的投标；没有投标，采购人的招标就没有得到响应，也就没有开标、评标、定标和合同签订及履行等。

物业管理招投标实质是物业管理权的一种交易形式。招标方（开发商或业主委员会）设定“物业项目的经营管理服务”这一标的进行招标，如果物业管理企业认为可以选择管理这一物业，它就会参与这一标的的投标。物业管理企业提供交换的标的是管理与服务。这种服务的质价如何，要经过招标方的评判。只有招标方认为物业管理企业提供的服务是最适合的，它才会选择该物业管理企业。

（二）物业管理招投标的特点

1. 早期介入的特点。新建物业的物业管理招投标应在物业建成投入使用之前进行，具有早期介入的特点。按规定，应在物业开始销售之前进行物业管理的招投标。这样，物业管理企业就能从专业管理和业主利益两个角度出发，利用以往的管理经验对设计方案是否合理提出意见，这有利于日后物业管理的实施。同时，在售楼时，也可使购房人对日后的物业管理有所了解和认识。

2. 阶段性的特点。物业一旦建成，其使用寿命具有长期性，物业管理就是一项长期性的工作。物业管理的这种长期性决定了物业管理招标具有阶段性。首先，招标文件中的各项管理要求、管理价格的制定都具有阶段性，过了一段时间，由于各种变化可能需要调整。其次，物业管理企业一旦中标，并不意味着一直由其负责该物业的物业管理。这是因为，一方面，随着时间的推移，可能会有更好的物业管理企业参与竞争；另一方面，也可能由于自身的管理服务技术水平下降，企业内部建设和管理松懈而遭淘汰。过了委托管理期限，可由业主委员会根据其管理服务业绩，决定是否续聘原物业管理企业。若续聘则要重新签订合同，若不续聘，则由业主委员会重新向社会公开招标。所以，物业管理招标具有阶段性的特点。

3. 不确定性的特点。

（1）最适合的物业管理方案不易确定。物业管理招投标与其他招投标一样，也是要选最合适的而不是最好的方案。但什么样的物业管理方案是最合适的，往往不易判断。如住宅小区多元化的产权结构决定了众多业主达成对最适合的物业管理服务的一致需求的难度，费用最低的方案并不一定能够满足全体业主的要求。物业管理一定是针对某一特定物业进行的，不同的物业具有不同的特点，管理服务方面的需求也不同，因此，物业管理不像工程建设或设备采购那样存在一整套系列的、客观的、统一的并能重复使用的标准，不可能以简单而且较快的方法评选出一个“最适合”的方案。

(2) 由于是早期介入，物业本身具有某种程度的不确定性，这就给招标书和投标书的编制带来一定的困难，如共用设备、设施的布局、选型将影响公共能源费的测算等。

上述特点决定了物业管理招投标过程及结果的某种不确定性。从招标方的角度看，物业管理的招投标是有风险的，仅仅依靠对标书的评判和各公司以往的市场声誉并不能完全保证评标结果的最佳。

(三) 物业管理实行招标投标的必要性

招标与投标是市场经济和竞争机制发展到一定程度的必然产物。随着我国房地产业体制改革的深化，大力推广和完善物业管理招标投标制度，已成为培育和发展我国物业管理市场的迫切需要。

1. 物业管理的招标投标是发展社会主义市场经济的需要。随着社会主义市场经济体制的建立和发展，物业管理作为一种服务性的商品，必然要进入市场进行等价交换。然而，通过物业管理的招标投标，可以评定其价值和价格在现行物业管理的市场价格水平下能否被社会接受，这是确保等价交换顺利进行的前提，进而也体现了价值规律的客观要求。

2. 物业管理的招标投标是房地产管理体制改革的需要。随着我国经济体制改革的不断深化，必须要对旧的管理体制进行根本性的改革，变原来的行政性管理终身制为企业经营型的聘用制。在这种新的管理体制下，开发商或业主管理委员会都有权选择物业管理企业，但是，二者又彼此不熟悉，没有业务上的往来，这时就需要通过物业管理招标投标，来解决开发商或业主管理委员会与物业管理企业之间信息不相通的问题，从而就实现了开发商或业主管理委员会自主选择符合自己管理服务要求和标准的物业管理企业。

3. 招标投标是提高物业管理水平、促进行业发展的需要。要提高物业管理水平、促进物业管理行业的发展，就必须要有充满生机和活力的市场竞争。而物业管理的招标投标将导致物业管理企业与开发商或业主之间的双向选择，从而就形成了一种竞争局面，这种竞争局面将促使物业管理企业，为了在激烈的市场竞争中求得生存和发展，努力提高企业内部的管理水平和服务质量，进而推动整个物业管理行业的健康发展。

二、物业管理企业投标的组织

前面已经介绍，物业管理企业通常设有经营开发部、财务部、设备工程部等职能部门。基于物业管理投标过程中，大量的信息需要在短时间内进行快速的交流和积聚，因此物业管理项目投标工作，通常由投标的物业管理企业内部组织专门部门来全权负责整个投标活动。在物业管理企业中，与物业管理投标活动密切相关的有经营开发部、财务部、设备工程部三个部门，其具体职能分述如下：

1. 经营开发部。开发部是专职于物业管理业务开发的部门。其主要职责是确定目标，选择物业，进行投标，参加市场竞争。无疑，开发部是物业管理投标工作的核心。

2. 财务部。财务部是经理领导下的经济管理部门，负责财务、计划、经济核算和各类收费工作。该部门的主管一般都为总会计师，具有资深的项目财务评价能力。

3. 设备工程部。工程部是技术管理部门，主要负责工程预算，负责房屋、设备及公共设施的管理、维修和保养，以及负责工程技术方面的咨询和研究工作。

在物业管理投标过程中，经营开发部始终担任着主要角色。首先，开发部根据本公司的市场定位，选择与之相称的物业管理招标项目进行投标。其次，由于编写投标书过程中最重要的两个难点是管理方案的设计和标价的计算，因此，在这些关键环节上，开发部通常都会在专门部门的专家协助下进行。在管理方案的设计上，开发部会向设备工程部咨询设计方案技术上的可行性；而在标价的计算方面，开发部也会征求财务部总会计师关于设计方案在财务上的可行性的意见。通常在投标书完成时，应得到总会计师和总工程师的签字认可。最后，开发部完成投标书后，经过企业法人或委托代理人签字，即可代表物业管理企业向招标单位进行投标。

提示：

大型物业管理企业的开发部一般都实行项目经理负责制，以项目小组为单位，分管具体项目的投标工作，以及中标后的合同签订工作；中小型的物业管理企业则大多由经理亲自对各项目的投标工作负责。

三、物业管理招标方式

根据招标项目不同的特点，招标人有权选择不同的方式进行招标。

（一）按物业管理招投标方法可分为自行招标和委托招标两种

1. 自行招标。自行招标就是招标主体自行编制招标文件，进行资格预审，组织评标委员会评标，招标主体自行操作招标的全过程。当招标主体不具备上述能力的时候，就需要委托专业的招标代理机构进行委托招标。

2. 委托招标。委托招标是指招标方委托专业的招标代理机构进行投标。委托招标需支付委托费用。然而，目前我国市场化的专业招标代理机构通常只熟悉建设工程和设备采购的招标工作，对物业管理招投标的特点、要点和程序的要求了解不多，特别是对物业管理服务的内容和具体要求把握不好，难免影响物业管理招投标的工作质量。因此，在委托招投标中，对招标代理机构应慎重选择。

考虑到上述两种方法的利弊，可以采取自行招标和委托招标相结合的第三种方法，即招标方聘请一专业招标代理机构操作招投标的具体动作过程及一般文件的编制，而对物业管理服务的具体要求及对投标企业的考察仍由招标方负责，或聘请有关专家参与。

（二）按物业管理招投标形式可分为公开招标、邀请招标和议标

1. 公开招标。公开招标是指招标人（业主）通过报纸、电视及其他新闻渠道公开发布招标通知，邀请所有愿意参加投标的物业管理企业参加投标的招标方

式。公开招标最大的特点是招标人以招标公告的方式邀请不特定的法人或者其他组织投标。

公开招标是国际上最常见的招标方式，其优点是最大程度地体现了招标的公平、公正、合理原则。

2. 邀请招标。邀请招标是指不公开刊登广告而直接邀请某些单位投标的招标方式，其主要特点是以投标邀请书的方式邀请特定的法人或者其他组织投标。

邀请招标主要适用于标的规模较小（即工作量不大，总管理费报价不高）的物业管理项目。由于公开招标方式工作量大、招标时间长、费用高，邀请招标有的地方弥补了公开招标方式的不足，成为公开招标不可缺少的补充方式，并由于其节省招标时间和成本的优点，深受一些私营业主和开发商的欢迎。目前，邀请招标方式在物业管理招标中亦颇受欢迎，特别为一些实力雄厚、信誉较高的老牌开发商所经常采用。

邀请招标具有节省时间、减少招标费用的优点，但这种招标方式也有其弊病，那就是再好的筛选，也有可能遗漏一些合格的、有竞争力的物业管理企业；另外，在评标中可能会歧视某些投标人等。尽管如此，邀请招标仍作为一种重要的招标方式被广泛使用。

3. 议标。议标又称谈判招标，是指招标人不必公开发布招标公告，而是选择其认为有能力承担或获标的物业管理企业，邀请其投标，然后通过平等协商，最终达成协议。议标实质上可以看作是更小范围的邀请招标。

议标目前在我国中小规模的物业管理招标项目中较为常见。这是因为，一方面，该类物业的工期较紧，标的总价较低，短时间内难以吸引足够数量的物业管理单位进行投标。事实上该类项目（也就是我们常见的中小楼盘和物业）很少是实行超前招标，让物业管理企业介入其设计施工阶段的，大多数情况是开发商等物业完工后才去选择物业管理企业。由于这时工期紧，开发商往往采用议标方式，同时找几家物业管理企业到现场考察，然后进行谈判协商，最终选定符合要求的物业管理企业。另一方面，开发商本身对物业管理企业的情况较为了解，且所需管理的物业技术性和专业性不强，对管理的要求不是非常严格。此时在投标人竞争范围缩小的情况下，并不影响物业管理服务的质量。因此，议标方式常常更适合经验丰富的开发商所采用，业主委员会也可通过委托招标机构采用议标方式进行招标。

第二节　物业管理招投标程序

招标与投标是按法律规定程序进行的一种经济活动，其全过程必须严格依照法律的有关规定进行，否则就可能会引起纠纷。

一、物业管理招标程序

物业管理招标程序由确立招标方式、成立招标领导小组、编制招标文件、发布招标公告或招标邀请书、组织资格预审、发放招标文件及有关设计图纸、技术资料、组织答疑与现场勘察、开标与评标、中标后谈判签订合同等环节组成。

1. 确立招标方式。如果是自行招标，则由招标主体自行组织“招标工作委员会”或“招标工作组”机构；如果是委托招标，则由受委托的专业招标代理机构组织招标机构，并选择是公开招标还是邀标、议标。

2. 成立招标领导小组。在政府物业管理行政主管部门指导下，由业主方（如房地产开发商或业主委员会）成立招标领导小组，小组成员由业主方派出，也可聘请有关部门人员和物业管理专家参加。通常还委托招标代理机构（如物业管理招投标有形市场）来具体实施招标工作。

3. 编制招标文件。招标机构成立后的首要任务是编制一套招标文件。招标文件是招标方意向、要求的全面、详尽的阐述，是招标方编制招标书的依据，也是日后与中标单位签订物业服务合同的基础，是物业管理招投标工作能否成功完成的关键。招标文件通常包括招标公告、招标书、投标须知、投标书编制要求等，重点是招标书的编制和标底的确定。

招标书的主要内容有：

（1）拟招标的物业基本情况。包括占地面积、建筑面积、房屋类型与数量、公用设施、场地情况等。

（2）物业管理内容。包括基础服务管理、特殊要求管理，还有专项管理。

（3）有关事项的说明。如物业管理委托期限，物业移交日期，给物业管理提供的条件（如提供管理用房、商业用房面积），物业管理服务收费及维修资金标准，以及其他需要说明的问题。

（4）物业管理考核标准与奖惩措施。

（5）投标开标时间。

此外，对招标书的具体内容和要求还应作出较详细的说明，如提供建筑结构图、设备型号清单等，以便投标单位编制标书。

4. 发布招标公告或招标邀请书。采用分开招标的要通过分开媒体和政府网站发布招标公告。公告内容主要包括：拟招标的物业名称及简要情况、投标单位条件、报名截止日期、报送投标书截止日期以及联系地址、电话等有关事项。采用邀请招标的则以投票邀请书的方式邀请特定的法人或者其他组织投标。

5. 组织资格预审。资格预审是对所有投票人进行的一次“粗筛”。当公开招标的投票人比较多的时候，需要根据招标要求及投标人过去的业绩情况进行筛选，通常选择五家左右的公司参与投票。邀请招标因事先经过选择，所以无需进行这一步骤。

6. 发放招标文件及有关设计图纸、技术资料。招标方应在规定时间内，向通过资格预审的投标方发放招标文件，并尽可能提供有关的设计图纸、技术资料等，以便投标方编制投标书。

7. 组织答疑与现场勘察。答疑与现场勘查是物业管理招投标中的必要步骤。

通过答疑与现场勘查，投标人才能详细了解物业的基本情况、个性特点以及管理上的特殊要求，有针对性地准备投标方案。

8. 开标与评标。招标机构收到物业管理企业封送的投标书后，经过审查认为各项手续均符合规定时，即可签收。按照标书中规定的时间、地点，在法律公证机关公证员及有关投标管理部门工作人员、投标单位代表共同参与监督下，公开开标并登记。

开标后由各方面专家组成的评标委员会小组进行评标。先由专家各自阅读标书，随后进行各投标方答辩，最后由评委会或评标小组评出议结果。

9. 中标后谈判签订合同。评标工作结束后，评标委员会通常最后向招标方推荐不超过三个有排序的中标推荐人，由招标方作出最后决定。招标方应按顺序与中标推荐人进行谈判，最后决定由谁中标。但是，招标方不得从评标委员会推荐的中标候选人之外的投标人中选定中标人。

在选出中标人之后，招标工作即进入谈判与签约阶段。这一阶段招标方经过具体谈判，与中标人签订相应的物业服务合同。按规定，招标人和中标人双方应自中标通知书发出之日起 30 内，签订（前期）物业服务合同，合同的主要条款不得背离标书中的内容。

在所有的招标工作完成后，招标方应及时将招标过程中的一系列文件资料进行整理归档，并妥善保存以便查考。

小资料：

评标委员会

评标委员会对评标负责。评标委员会由招标人代表和物业管理方面的专家组成，成员为 5 人以上单数，其中招标人代表以外的物业管理方面的专家不得少于成员总数的 2/3。

二、物业管理投标程序

与物业管理招标程序相似，投标程序由获取招标信息，决策是否参与投标；报送投标申请，接受资格审查；获取与熟悉招标文件并参与答疑和现场勘查；投标决策与编制投标书；报送投标书；参加开标及答辩会；签订物业服务合同。

1. 获取招标信息，决策是否参与投标。物业管理企业通过各种途径获取某物业拟进行物业管理招标的信息或接到邀请投标函后，应针对该物业的具体情况与本企业的具体情况与本企业的自身实力，作出是否参与投标的决策。一旦决定投标，应协调有关人员（管理人员、专业技术人员、财会人员）组成精干的投标领导小组，全面负责投标工作。

2. 报送投标申请，接受资格审查。在规定的时间内向招标方报送投标申请，投标申请是投标单位表达投标愿望和介绍投标单位管理能力的重要文件，在文件中应实事求是地显示出自身的实力，进而接受招标单位的资格审查。招标单位一定要将证件备齐，一般资格审查主要审查企业营业执照、资质等级、专业人员配置、固定资产、管理的规章制度及以往业绩等。

3. 获取与熟悉招标文件并参与答疑和现场勘查。通过资格审查，按规定程序取得招标文件后，首先应详细阅读研究招标文件，充分了解招标方提出的物业管理服务的范围、内容、标准、要求以及相关规定，理解招标单位的意图和目的等。然后到物业现场实地考察，进一步全面详尽地了解，请招标方明确解答，为投标决策和投标书的编制做准备。

4. 投标决策与编制投标书。在前述工作的基础上，作出投标决策。主要是是否投标，采取何种策略竞标以及报价原则。作出投资决策后，按招标文件的要求正确编制投标书。投标书的编制是投标工作中最重要的内容，它直接影响到投标能否成功，必须给予认真对待。

5. 报送投标书。全部投标文件编制好以后，应对其进行封装。封送标书的一般惯例是，投标单位应将所有投标文件按招标文件的要求，准备正本和副本（通常正本一份，副本多份）。标书的正本及每一份副本应分别装，而且都必须用内外两层封套分别装并密封，密封后打上“正本”或“副本”的印记。两层封套上均应按规定写明投递地址及收件人，并注明：投标文件夹的编号、物业名称、在某日某时（开标日期）之前不要启封等。内层封套是用于原封退还在截止投标之后收到的投标文件的，因此应写明投标企业的地址和名称。若是外层信封未按上述规定密封及作标记，则招标单位工作人员对于把投标文件放错地方或过早启封概不负责。由于上述原因被过早启封的标书，招标单位将予以拒绝并退还投标单位。封装后的投标书应在指定时间前派专人或通过邮寄送达招标单位。

6. 参加开标及答辩会。招标单位在接到开标通知时，派主要负责人按时参与开标会，并参加招标单位的答辩。答辩人要做好答辩的思想和资料准备，在有限的时间内充分阐述本单位的优势、投标意图、对日后物业管理的基本想法、安排与措施，对投标报价的计算作必要的说明或补充，愿意承诺的优惠条件等，以争取获得最佳印象和较高的答辩分，为中标打下基础。

7. 中标和签订物业服务合同。投标单位收到中标通知书后，应在规定时间内，办妥履约保证和各种手续，并尽快与招标单位进行详细洽商，签订物业服务合同。同时，做好全面入驻物业区域的准备。

第三节　物业管理招标文件的编制

物业管理招标文件是物业管理招标人向投标人提供的指导投标工作的规范文件。招标文件编制得好坏，直接关系到招标人和投标人双方面的利益，因此招标文件的内容既要做到详尽周到，以维护招标人的利益，又要做到合理合法，以体现招标公平、公正的原则。

一、招标文件的内容

不同类型的项目其招标文件的内容也繁简各异，然而按照国际惯例，招标文件的内容大致可概括为三大部分：

第一部分，投标人为投标所需了解并遵循的规定，具体包括投标邀请书、投标人须知、技术规范及要求；

第二部分，（投标人）物业管理企业必须按规定填报的投标书格式，这些格式将组成附件作为招标文件的一部分；

第三部分，中标的物业管理企业应签订的合同的条件（包括一般条件和特殊条件）及应办理的文件格式。

三大部分的内容具体可归纳为组成招标文件的六要素：投标邀请书；技术规范及要求；投标人须知；合同一般条件；合同特殊条件；附件（附表、附图、附文等）。

（一）投标邀请书

投标邀请书与招标公告的目的大致相同，其目的是提供必要的信息，从而使潜在投标人获悉物业管理项目招标信息后，决定是否参加投标。其主要内容包括：业主名称、项目名称、地点、范围、技术规范及要求的简述、招标文件的售价、投标文件的投报地点、投标截止时间、开标时间、地点等。投标邀请书可以归入招标文件中，也可以单独寄发。如采用邀请招标方式招标，投标邀请书往往作为投标通知书而单独寄发给潜在投标人，因而不属于招标文件的一部分；但如果采取公开招标方式招标，往往是先发布招标公告和资格预审通告，之后发出的投标邀请书是指招标人向预审合格的潜在投标人发出的正式投标邀请，应作为招标文件的一部分。

（二）技术规范及要求

这一部分主要是说明业主或开发商对物业管理项目的具体要求，包括服务所应达到的标准等。例如，对于某酒店项目，招标人要求该物业的清洁卫生标准应达到五星级，这些要求就应在“技术规范及要求”部分写明。对于若干子项目的不同服务标准和要求，可以编列一张“技术规范一览表”，将其加以综合。

另外，在技术规范部分，应出具对物业情况进行详细说明的物业说明书，以及物业的设计施工图纸。物业说明书和图纸应在附件部分中作详细说明。

（三）投标人须知

制订“投标人须知”的目的是为整个招标投标的过程制定规则，是招标文件的重要组成部分，其内容包括：（1）总则说明；（2）招标文件说明；（3）投标书的编写；（4）投标书的递交；（5）开标和评标；（6）授予合同。以下分别予以具体说明。

1. 总则说明。总则说明主要对招标文件的适用范围、常用名称的释义、合格的投标人和投标费用进行说明。

2. 招标文件说明。招标文件说明主要是对招标文件的构成、招标文件的澄清、招标文件的修改进行说明。

3. 投标书的编写。“投标人须知”中应详细列出对投标书编写的具体要求。这些要求包括：(1) 投标所用的语言文字及计量单位；(2) 投标文件的组成；(3) 投标文件格式；(4) 投标报价；(5) 投标货币；(6) 投标有效期；(7) 投标保证金；(8) 投标文件的份数及签署。如果由于采取邀请招标或议标方式招标而没有进行投标资格预审，则在招标文件的投标人须知中还应要求投标人按预定格式和要求递交投标人资格的证明文件。招标文件对投标书编写要求的说明通常有两种，一是文字说明，应归入投标人须知部分；另一种是在招标文件中列出投标文件的一定格式，要求投标人只要按格式要求填入内容。这些格式通常包括：投标书格式、授权书格式、开标一览表、投标价格表、项目简要说明一览表及投标人资格证明书格式等。这些格式统一归入“附件”部分。

4. 投标文件的递交。投标文件递交的内容主要是对投标文件的密封和标记、递交投标文件的截止时间、迟交的投标文件、投标文件的修改和撤销的说明。

5. 开标和评标。开标和评标是招标文件体现公平、公正、合理的招标原则的关键，包括以下内容：(1) 对开标规则的说明；(2) 组建评标委员会的要求；(3) 对投标文件响应性的确定，即审查投标文件是否符合招标文件的所有条款、条件和规定且没有重大偏离和保留；(4) 投标文件的澄清，即写明投标人在必要时有权澄清其投标文件内容；(5) 对投标文件的评估和比较（说明评估和比较时所考虑的因素）；(6) 评标原则及方法；(7) 评标过程保密。

6. 授予合同。授予合同的内容通常包括：(1) 定标准则，说明定标的准则，包括“业主不约束自己接受最低标价”的申明等；(2) 资格最终审查，即说明招标人会对最低报价的投标人进行履行合同能力的审查；(3) 接受和拒绝任何或所有投标的权力；(4) 中标通知；(5) 授予合同时变更数量的权力，即申明招标人在授予合同时有权对招标项目的规模予以增减；(6) 合同协议书的签署，说明合同签订的时间、地点以及合同协议书的格式（详见附件）；(7) 履约保证金。

（四）合同一般条款

合同的一般条款通常包括以下条款和内容：

1. 定义，即对合同中的关键名称进行释义。

2. 适用范围，即写明本合同的适用范围。

3. 技术规格和标准，该条款的内容一般与招标文件的第二部分“技术规范及要求”的内容相一致。

4. 合同期限，一般可参照委托管理的期限。

5. 价格，即物业管理费的计取，一般应与中标人的投标报价表相一致。

6. 索赔，索赔条款主要说明在投标人（合同的乙方）发生违约行为时，招标人（合同的甲方）有权按照索赔条款规定提出索赔。其具体内容包括索赔的方案和索赔的程序。

7. 不可抗力，是指在发生预料不到的人力无法抗拒事件的情况下，合同一方难以或者不可能履行合同时，对由此引致的法律后果所作的规定。不可抗力条款一般包括三个部分：不可抗力的内容；遭受不可抗力事件的一方向另一方提出报告和证明文件；遭受不可抗力事件一方的责任范围。

8. 履约保证金。该条款主要是规定中标人在签订合同后，为保证合同履行而须提交的履约保证金的比例，以及提供履约保证金的形式。

9. 争议的解决。该条款主要的内容是预先规定合同双方在合同履行过程中发生争议时的解决途径和方法。如在该条款中规定以仲裁作为解决争议的途径等。

10. 合同终止。该条款的主要内容是说明合同的期限和合同终止的条件（如物业管理企业违约情节严重，业主破产，物业被征用等）。

11. 合同修改。该条款应申明对于合同的未尽事项，需进行修改、补充和完善的，甲乙双方必须就所修改的内容签订书面的合同修改书，作为合同的补充协议。

12. 适用法律，即写明合同适用的法律。

13. 主导语言与计量单位。

14. 合同文件及资料的使用。条款中应写明合同文件及资料的使用范围及事宜，如对保密的规定等。

15. 合同份数。

16. 合同生效。

（五）合同特殊条款

合同的特殊条款是为了适应具体项目的特殊情况和特殊要求作出的特殊规定，如对执行合同过程中更改合同要求而发生偏离合同的情况作出某些特殊规定。此外，合同特殊条款还可以是对合同一般条款未包括的某些特殊情况的补充，如关于延迟开工而赔偿的具体规定，以及有关税务的具体规定等。

在合同执行中，如果一般条款和特殊条款不一致而产生矛盾时，应以特殊条款为准。

（六）附件

附件是对招标文件主体部分文字说明的补充，包括附表、附文和附图，具体有：

1. 附表。包括：①投标书格式；②授权书格式；③开标一览表；④项目简要说明一览表；⑤投标人资格的证明文件格式；⑥投标保函格式；⑦协议书格式；⑧履约保证金格式（通常为银行保函）。

2. 附文。物业说明书。

3. 附图。物业的设计和施工图纸。

二、招标文件示范文本

招标文件（示范文本）

招标编号：____________

招标项目名称：____________

______年______月××招标中心统一印制

招标文件目录

第一部分　投标邀请

第二部分　技术规范及要求

第三部分　投标人须知

（一）总则说明

1. 适用范围

2. 定义

3. 合格的投标方

4. 投标费用

（二）招标文件说明

5. 招标文件的构成

6. 招标文件的澄清

7. 招标文件的修改

（三）投标文件的编写

8. 投标文件的组成

9. 投标文件格式

10. 投标报价

11. 投标货币

12. 投标人资格的证明文件

13. 投标有效期

14. 投标保证金

15. 投标文件的份数和签署

（四）投标文件的递交

16. 投标文件的密封和标记

17. 递交投标文件的截止时间

18. 迟交的投标文件

19. 投标文件的修改和撤销

（五）开标和评标

20. 开标

21. 评标委员会

22. 投标文件响应性的确定

23. 投标文件的澄清

24. 对投标文件的评估和比较

25. 评标原则及方法

26. 保密

（六）授予合同

27. 定标准则

28. 资格最终审查

29. 接受和拒绝任何或所有投标的权力
30. 中标通知
31. 授予合同时变更数量的权力
32. 合同协议书的签署
33. 履约保证金
34. 中标服务费
第四部分　合同一般条款
1. 定义
2. 适用范围
3. 技术规格和标准
4. 委托管理期限
5. 价格
6. 索赔
7. 不可抗力
8. 履约保证金
9. 争议的解决
10. 合同终止
11. 合同修改
12. 适用法律
13. 主导语言与计量单位
14. 合同份数
15. 合同生效
第五部分　合同特殊条款
第六部分　附件

第四节　物业管理投标书的编写

一、物业管理投标书的内容

（一）物业管理投标书的项目

投标书在内容上必须严格根据招标单位发出的《编制标书的项目和要求》来编制。由于招标物业的具体情况不同，招标单位的要求不同，因此投标书内的项目和要求也各不相同。

通常物业管理投标书项目主要有以下十二项：物业公司简介；管理总体构想；日常管理服务项目、标准、承诺指标及采取的措施；房屋及设施设备的维修养护计划及实施方案；财务管理制度及物业管理费用标准测算；接管入住方案；

便民服务措施；社区文化、档案资料的建立与管理；针对招标项目重点问题解决方案；提高物业服务水平的新设想；其他需要说明的问题。

（二）物业管理投标书编写注意事项

1. 确保填写无遗漏，无空缺。投标文件中的每一空白都需填写，如有空缺，则被认为放弃意见；重要数据未填写，可能被作为废标处理。因此投标公司在填写时务必小心谨慎。

2. 不得任意修改填写内容。投标方所递交的全部文件均应由投标方法人代表或委托代理人签字；若填写中有错误而不得不修改，则应由投标方负责人在修改处签字。

3. 填写方式规范。投标书最好用打字方式填写，或者用墨水笔工整填写。除投标方对错处作必要修改外，投标文件中不允许出现加行、涂抹或改写痕迹。

4. 不得改变标书格式。若投标公司认为原有标书格式不能表达投标意图，可另附补充说明，但不得任意修改原标书格式。

5. 计算数字必须准确无误。投标公司必须对单价、合计数、分步合计、总标价及其大写数字进行仔细核对。

6. 报价合理。投标人应对招标项目提出合理的报价。高于市场的报价难以被接受，低于成本报价将被作为废标，或者即使中标也无利可图。因唱标一般只唱正本投标文件中的“开标一览表”，所以投标人应严格按照招标文件的要求填写“开标一览表”、“投标价格表”等。

7. 包装整洁美观。投标文件应保证字迹清楚，文本整洁，纸张统一，装帧美观大方。

8. 报价方式规范。凡是以电报、电话、传真等形式进行的投标，招标方概不接受。

9. 对招标书响应若有偏离，应做出说明，并附偏离度表。

10. 严守秘密，公平竞争。投标人应严格执行各项规定，不得行贿、徇私舞弊；不得泄漏自己的标价或串通其他投标人哄抬标价；不得隐瞒事实真相；不得做出损害他人利益的行为。否则，该投标人将被取消投标或承包资格，甚至受到经济和法律的制裁。

二、物业管理投标书示范文本

（一）投标综合说明书

业主：＿＿＿＿＿＿＿＿

1. 根据已收到的招标编号为物招审字（　　）第（　　）号的＿＿＿＿＿＿＿＿物业的招标文件，遵照《××市物业管理招标投标管理办法》的规定，经考察现场和研究上述招标文件、招标文件补充通知、招标答疑纪要的所有内容后，我方愿以我方所递交的标函摘要表中的总投标价，承担上述物业的全部管理工作。

2. 一旦我方中标，我方保证按我方所递交的标函摘要表中承诺的期限和招标文件中对承包期限的要求如期按质提供服务。

3. 一旦我方中标，我方保证所提供的物业管理质量达到我方所递交的标函摘要表中承诺的质量等级。

4. 一旦我方中标，我方保证按投标文件中的物业管理班子及管理组织设计组织管理工作。如确需变更，必须征得业主的同意。

5. 我方同意所递交的投标文件在投标有效期内有效，在此期间内我方的投标有可能中标，我方将受此约束。

6. 我方同意招标文件中各条款，并按投标标价总额3%缴纳保证金××万元（大写）。若我方违约，则扣除所缴纳的全部保证金。

7. 除非另外达成协议并生效，招标文件、招标文件补充通知、招标答疑纪要、中标通知书和本投标文件将构成约束我们双方的合同。

投标单位：××（印鉴）

法定代表人或委托代理人：××（盖章、签字）

日期：

（二）企业法人地位及法定代表人证明

法定代表人证明

法定代表人资格证明书

单位名称：××物业管理公司

地址：××省××市××街××号

姓名：　　性别：　　年龄：　　民族：

职务：　　技术职称：　　身份证号码：

××系××物业管理公司的法定代表人。负责为××物业提供物业管理服务，签署上述物业的投标文件，进行合同谈判，签署合同和处理与之有关的一切事务。

特此证明。

投标单位：××××（盖章）日期：××年××月××日

上级主管部门：××××（盖章）日期：　　年　　月　　日

（三）××物业管理公司简介

1994年12月组建成立的××物业管理公司是经××市建委核准的物业管理一级企业。

公司以管理住宅小区和工贸大厦为主，近几年来先后承接了××等物业的管理工作。截至1998年底，本公司已接管楼房585栋，总建筑面积256万余平方米。其中由本公司委托管理的××小区荣获了“全国优秀物业管理示范小区”称号，××小区、××庄七区和××小区也先后被评为“××市优秀物业管理居住区”。

为向业主提供全方位高质量服务，公司不仅装备了商务中心、超市、美容院、健身房等服务场所，还开设了建筑管理、房屋维修、代叫出租车、代办水、电、煤、电话费、代装潢、代购物品等服务项目，并配备专程免费巴士往返市区。

同时，公司还聘请了美国××物业管理公司主管为外方顾问，借鉴国外先进物业管理经验，不断健全管理制度，提高人员素质和服务水平，为所接管物业的广大业主提供真诚周到的专业服务。

几年来，公司先后有××花园小区荣获“全国城市优秀示范居住小区”称号，并顺利通过了英国BSI认证机构和××市SQCC质量认证中心对××花园物业管理服务质量保证体系的认证，率先成为中国北方地区荣获ISO9002质量认证证书的物业公司；××市北里东区和××市北里中区小区分别荣获了“全国优秀物业管理居住区”称号；××街南里小区、××街东里小区、幸福一村小区和龙华园小区也分别获得了“××市优秀物业管理居住区”称号。

本公司有完整的服务质量管理体系和完善的监控措施，近年来所接管的物业未曾出现过质量事故，××年被××市质量监督协会授予“服务质量信得过单位”，并且在××物业的管理工作中，由于服务质量突出，被××市精神文明建设领导小组评为“××市共建文明居住区先进单位”。

（四）物业管理专案小组配备

1. 由我公司抽调有丰富管理经验和较强指挥能力的人员组成物业管理班子。

2. 物业管理专案小组主要成员简介：

(1) 董事总经理：统筹整项发展计划，为此专案最高负责人。

(2) 董事：专责处理该项发展计划的物业管理服务工作。其在香港及台湾前后共有10年的专业物业管理经验，其物业管理顾问的经历计有香港新界××发展计划、香港××大厦、台北市××集团超高层大楼、台北市××集团总部大楼、上海外滩××广场、上海××百货公司、武汉××广场、北京××大厦及珠海××广场等。

（五）对合同意向的承诺

1. 承包方式：物业设计图纸预算。

2. 服务价款的计算方式：

(1) 各项服务的工作量依照物业设计图纸及行业常规计算；

(2) 普通服务单价依照国家服务行业统一收费标准计算；

(3) 特定服务单价参照国家类似服务统一收费标准，并适当浮动予以确定；

(4) 设备的购置租赁价及材料价格按本市有关规定执行；

(5) 管理期间，凡遇有关政策性调整，按政策性调整规定执行。

3. 从计算的服务费用总成本为基础，乘以我方投标承诺的优惠百分比作为实际收取费用。

4. 服务款项收取方式。物业竣工接管时，由物业管理公司从开发商处收取物业总造价1%的管理基金。

物业管理中日常服务收费由全体业主派出代表（固定或者轮流）收取并交至物业管理处。收取时间为每月1次，次月15日以前交至物业管理处。

5. 材料设备供应方式。管理所用材料、设备除临时所需的个别种类外，应由甲方供应到现场，乙方提供材料堆放场所；临时所需材料设备由业主认质定价，乙方负责采购，并按委托管理合同有关规定执行。

6. 服务质量必须能使业主的合理要求得到满足。在合同中制定出对物业管理公司高质量满足业主要求服务的奖励与不能提供符合业主要求服务的处罚。

7. 为保证服务质量所需的技术升级费和协调费，应由物业管理公司通过精心组织管理和加强成本核算自行消化，不得向业主另行收费。

8. 文明管理，确保安全，实现无重大事故。

（六）物业管理企业相关证明

1. 企业信誉。

2. 企业资质。

3. 企业荣誉证书（略）。

4. 企业安全生产证明资料。

5. 企业物业管理服务质量证明资料。

6. 近几年所接管主要物业的服务质量、期限、安全情况及物业管理班子配备明细表。班子配备明细表（略）。

（七）物业管理要点

物业管理服务是一门学问，本公司以小心计算成本及为客户创造最理想的环境为原则，并通过长期的工作改进和提高，努力创造条件使每一座大楼的收益和投资潜质都能达致极限。这种“投资管理”的哲学，能使业主充分保障其不动产的投资权益，不但使其保值，更能使其增值。

××物业为高级工贸建筑，其物业管理重点分析如下：

1. 工贸大厦管理

工贸大厦需要极为周全的服务，特别是当代的新型高层建筑，还要照顾相当复杂的电动和机械装备的操作和保养，这些都需要有专门知识和技术。这些装备不仅包括升降机和停车场电梯，还包括高技术的现代化设备，如电脑控制的大楼自动化系统、中央空气调节设备和通风设备、保安监视和控制系统、自动滤水器、火警和其他消防装置，以及后备电力供应设备等。租用户对这类大楼，特别是出入口大堂、洗手间和公共通道等地方的管理水准期望相当高。大楼的外墙也必须定期清洁，以保持大楼的外貌美观。此大厦是否能得到完善管理，对该物业的租金及售价水平有很大影响，同样对其资本价值也会影响。

2. 停车场管理

现今停车场设备的管理多采用先进的自动化管理系统来满足繁忙的日常运作需要。采用自动化管理，可以减少人为差错，节省人力资源，加快车辆流量，从而使物业管理运作更为顺畅，租用户及访客利用停车场设备也更加方便快捷。此外，停车场上的停车程序也必须作出周详安排，以确保用户能获得所需服务。停车场必须设有闭路电视监控，保障访客安全。大楼后备电源发电机须与停车场自动化系统及照明系统接通，以备在紧急时段仍能操作和提供必要的服务。停车场内必须装有足够的通风系统，供应新鲜空气，以符合卫生安全。停车场经营管理策略应按照自给自足的原则确定收费标准，以降低管理费，而无须从管理费内补贴，这对整幢大楼的出租、出售和营运都有着积极作用。

（八）服务内容

依据××物业现时的工程进度及运作安排，本公司建议首先向物业提供管理顾问服务，待大楼竣工后再提供管理运作服务。

1. 物业管理顾问服务的项目包括：

(1) 开发设计建设期间的管理顾问服务。提供大楼图纸专业意见；提供大楼设施专业意见；提供大楼建材专业意见；预估大楼管理运作成本；大楼管理进度检讨；停车场管理建议。

(2) 物业竣工验收前的管理顾问服务。制订租约条款、管理守则和租用户手册；员工培训计划；财务预算。

(3) 用户搬运及装修期间的管理顾问服务。移交大楼单位与用户程序；装修工程及物料运送控制程序；保安控制；搬运控制；安全控制。

2. 开发设计建设期间的管理顾问服务。这项服务将于大楼建筑施工期内提供给业主参照。

(1) 服务的功能。在管理前期能针对性地提出大楼现存且可能影响未来的管理问题，使业主能有时间考虑增减设施；节省日后管理设施修改或增加的费用，并可避免影响物业管理运作；在租用户入住前可订立管理费及其他费用的分摊原则，使日后管理运作能够顺畅。

(2) 服务内容。①提供大楼图纸专业意见。就本大楼的设计平面图、立面图、剖面图及基地现况提出与日后管理相关的专业意见及分析。这项工作主要是针对大楼设计在落成后对管理操作的实际运行是否能产生积极作用及其可行性而制订的。本公司将建议业主对部分设备的增添预留出空间，如中央监控室及相关设施的预定位置、垃圾处理室的适当位置、停车场的设备需求、车辆日常进出运作的安排、电梯系统运作规划、大楼自动化系统及其他各类设施的预留等。

②提供大楼设施专业意见。就业主预定的各项大楼设施提出对将来管理运作有利的顾问意见，主要从使用者角度出发选择设施种类及配备，并提供是否适合日后使用者需要的意见。大楼设施包括：电梯；消防设备；电气设备；照明设备；给排水系统、大楼自动化系统；垃圾处理设备、洗窗机设备；后备发电机设备、大楼广播系统；停车场管理系统等。

③提供大楼建材专业意见。就业主选定的建筑材料提出对日后管理工作有影响的专业意见，例如对建材的耐用性、清洁性、质量优劣的鉴别，判断材料能否对使用者达到预期效果，以及对管理者能否妥善处理等加以分析。

④预估大楼管理运作成本。就业主预定的各项大楼设施及配备，提供初步管理运作收支及人力资源费用预算供业主参考。

⑤大楼管理进度检讨。

3. 物业竣工验收前的管理顾问服务。

(1) 制订租约条款、管理守则和租用户手册。就租约条款部分，本公司将提供标准租约样本供业主参考，并通过本公司代理部与物业部的协调，参照业主意见，在条例中制订特定租约条款及细则。

物业的管理守则将作为租约条款的一部分，本公司将依据国外的专业管理规范配合特定环境，制订一套符合标准的管理规章。

除租约条款和管理守则外，本公司将与各承租户制订租用户手册，使租用户在搬入和使用大楼前对管理运作能有充分了解，从而配合好物业管理公司的服务。

(2) 员工培训计划。本公司将物业管理视为一项由人力做主导的服务行业，所以深信在物业管理中担当第一线管理人员的员工必须接受专业的特定训练。这些训练除灌输现代化物业管理知识外，还应包括其他项目，如领导才能或公共关系等课程。培训结束的考察将是理论与实务并重，且配合适当的演习，保证员工能熟悉并实际体会突发事故的应变措施及程序。

关于物业管理员工的培训，本公司设有较为健全的训练计划，具体训练课程有：业主及管理公司简介（包括人事组织及结构）；管理员工职责；管理员工在物业管理中扮演的角色；员工守则、行为及纪律；物业专门名词介绍；物业保安措施及辅助巡逻设备；物业设施的定义及应用；管理服务的目的及重要性；移交及回收物业单位的程序；防火知识及消防装置；无线电通话机的使用；物业管理的基准；紧急事件处理程序。

(3) 财务预算。现今的专业化物业管理，除需要专业管理人员及特定的管理系统设备外，对整幢建筑物的财务管理更为重视。精确的事前财务预算及分析能充分保障物业投资者的权益，另一方面，也能确保并增加不动产的价值。物业管理预算应当把握各项物业支出及定期收入，制订出一套完整而合理的预算方案，并预留基金用作长期保养及更新计划，以确保该项物业投资能达致效益极限。

本公司将为该物业提供一套依照现今发达国家及地区所采用的先进预算模式拟就的财务预算案。预算案内每一内容及项目均针对该物业所选择的设施和设备作出评估，而该项评估以使物业能达到专业管理服务为目的，所有数据及服务条件都以高品质管理服务为依据。

该项财务预算应包括下列各项支出，以便作为确定日后管理运作费用的基础：管理员工薪金；维修及保养费；公共事业支出费；杂项支出。

4. 用户搬运及装修期间的管理顾问服务。从物业落成到用户搬运阶段，大楼内将充斥各方面人士，包括租赁代理、承租户、装修工程承包商、建筑工程人员、维修人员及管理员工等，这必将对大楼整体营运管理、保安、清洁等构成很大影响。本公司将提供系统的用户搬运及装修期间的管理顾问服务。该项服务包含以下内容：

(1) 移交大楼单位与用户程序。包括检查用户的有效租约文件，并由组长级员工向租户履行移交程序并提示应知事项，如大楼内各项设施、装修须知、运送物件安排等。单位内的工程问题亦需要用户于一定时间内告知物业管理公司及时予以修缮。此外，本公司将负责审阅用户提交的单位装修图纸，并限定用户在审批通过后才准许其承包商开始装修工程，以保障大楼设施及业主权益。

(2) 装修工程及物料运送控制程序。

(3) 保安控制。

【案例阅读】

案例一：

某小区物业管理招标文件

一、某小区基本情况

（一）招标人简介

招标人：××业委会

简介：××小区于2005年6月入住。于2006年11月22日召开业主大会，通过差额选举业主委员会委员（7人）；同时审议通过了由筹委会起草的《某某小区业主大会议事规则》《某某小区业主公约》；于2006年11月29日召了开业委会第一次会议推选出主任、副主任；此后业委会经某区小区办备案正式成立。

（二）房屋基本情况

1. 坐落位置：北京市××区××路101号。

2. 范围：东至莲花河西路、西至大件厂宿舍、南至国管局宿舍、北至小区规划路。

3. 占地面积：32402.22平方米。

4. 总建筑面积：81170平方米。

5. 居住建筑面积：65837.68平方米。

6. 建筑层数：地下1、2层；地上1~15层。

7. 小区由三栋板塔连体小高层和一栋塔式小高层组成，半地下停车库。

8. 住宅套数：557户。

9. 停车位数量：规划401辆；其中地上194辆（待建）；地下207辆。

10. 小区共配备12台三菱GPS－CR系列电梯。

11. 物业管理用房：1号楼3单元101号及2号楼地下一层两间备用间。

12. 共有公摊部位：物业管理用房、中控室、变电室、水箱间、电梯机房、楼梯间、楼（电）梯厅、电梯井、过道、外墙。

13. 各楼层用途：

地下二层：1#楼、4#楼为人防。1#楼平时为汽车库；4#楼设计中平时为自行车库，现为出租用房；3#楼为地下汽车库。

地下一层：1#、3#、4#为汽车库；2#楼为设备用房。

地上1~15层：住宅部分。

14. 小区人车分流；远红外线、闭路监控；楼宇对讲；24小时生活热水。

15. 物业产权性质：经济适用房产权（房产证未拿到）。

16. 现物业管理服务费用：1.57元/平方米·月。

二、物业管理服务内容及要求

1. 工程设备管理区域：变配电室、水泵房、锅炉房、中控室。

2. 物业管理区域：红线范围内的所有公共区域。

说明：

(1) 小区正式电引入前为工程临时用电，电费高出部分由北京市社团住宅合作社补足。

(2) 小区供热范围包括西侧大件厂的四栋六层普通住宅（不含24小时热水）。

三、物业管理服务内容及要求

（一）中控室运行管理

中控室负责小区的弱电系统（包括消防报警系统、监控系统、门禁系统、对讲系统、园区红外线系统等）的值班、检查、检测和弱电设备的日常维修保养工作。标准：

1. 24小时值班，值班人员必须持证上岗。

2. 保证消防报警系统、门禁系统、对讲系统及闭路监控系统、远红外线系统运行正常，各系统工作稳定。

3. 一般性故障立即排除，维修合格率100%，暂时不能处理的通知有关部门采取应急措施，应急措施得当有效。

4. 定期进行消防普查。

5. 设备机房整洁。

6. 保证设备机房的安全。

（二）房屋建筑的日常养护维修

房屋日常养护维修是指为保持房屋原有完好等级和正常使用，进行日常养护和及时修复小损坏等的房屋维护管理工作。标准：

1. 定期进行房屋安全普查和房屋完损等级评定，保证房屋完好率达98%。

2. 爱护园区内设施、设备，未经产权人同意不得对园区的结构、设施等进行改动；

3. 及时完成公共区域及业主各项零星维修任务，零修合格率100%，一般维修任务在接报后不超过24小时完成。

（三）给排水设备运行维护

给排水设备运行维护是指为保证园区给排水设备、设施的正常运行使用所进行的日常养护维修。标准：

1. 控制室24小时值班，加强日常检查巡视，保证给排水系统正常使用。

2. 建立正常供水管理制度，保证水质符合国家标准。

3. 加强巡查，防止跑、冒、滴、漏，保证设备设施完好。

4. 二次供水卫生许可证、水质化验单、操作人员健康合格证齐全。

5. 定期对水箱进行清洗、消毒。

6. 保持水箱清洁卫生，无二次污染。

7. 保证室内外排水系统通畅。

8. 设备出现故障时，维修人员应在接到报修后5分钟内到达现场，零修合格率100%，一般性故障排除不过夜。

（四）供电设备管理维护

供电设备管理维护是指为保证园区供电系统正常运行对供电设备的日常管理和养护维修。标准：

1. 统筹规划，做到合理、节约用电。

2. 供电运行和维修人员必须持证上岗。

3. 配电室 24 小时值班。

4. 加强日常维护检修，公共使用的照明、指示灯具线路、开关要保证完好；

5. 设备出现故障时，维修人员应在接到报修后 5 分钟内到达现场，设备零修合格率达到 100%，一般性维修不过夜。

6. 供电设备定期维护。

7. 严格执行用电安全规范，确保用电安全。

8. 保证避雷设备完好、有效、安全。

（五）供热锅炉的管理和维护

供热锅炉的管理和维护是指为保证园区正常供暖及热水供应，对锅炉设备的日常管理和养护维修。标准：

1. 保证供热锅炉运行正常、安全。

2. 按北京市规定的时间供暖，且供暖季室内温度不低于 16 摄氏度。

3. 供暖系统出现故障时，维修人员应在接到报修后 10 分钟内到达现场，零修合格率达到 100%，一般性维修不过夜。

（六）电梯运行维修

电梯运行维修是指为保证园区电梯设备正常使用进行的日常管理、维修养护和中修。标准：

1. 电梯采用无人驾驶，24 小时运行。

2. 安全设施齐全有效，电梯内求救电话保持正常工作状态。

3. 通风、照明及其他附属设施完好。

4. 电梯准用证、年检合格证、维修保养合同完备。

5. 轿箱、井道保持清洁。

6. 因故障停梯，接到报修后维修人员应在 5 分钟内到达现场抢修，及时排除故障。

（七）卫生保洁

卫生保洁是指为保证园区公共区域、庭院等环境清洁而进行的日常管理工作。标准：

1. 楼电梯厅干净、明亮，地面无杂物。

2. 电梯门、轿箱、显示牌无尘土、印迹，表面光亮。

3. 玻璃、门窗无污迹、裂痕。

4. 庭院地面清洁无废弃物。

5. 垃圾筒内垃圾日产日清，并摆放整齐，外观干净。

6. 扫雪及时，地面无积雪，符合市扫雪办要求。

（八）保安、消防、秩序管理及监控、自动报警、门禁系统的运行管理

保安、消防、秩序管理是指为保证园区安全和正常生活秩序，保证监控、自

动报警、门禁系统正常运行，对来访人员进行登记、查验，做好安全保卫和防火防盗工作，并做好车辆、道路及环境秩序管理等。标准：

1. 对来访人员进行验证、登记，杜绝闲杂人员进入。

2. 小区内环境秩序良好，道路通畅，车辆停放有序，人车分流；地下车库照明通风良好。

3. 保证消防自动报警系统、监控系统、门禁系统、对讲系统设备的正常运行。

4. 各种消防设施、器材配备合理、更新及时、使用有效。

5. 能及时发现和处理各种安全和事故隐患，确保不发生安全方面的问题，能迅速有效处置突发事件。

6. 对突发事件有应急预案，完善责任制。

（九）本条中所有要求定期（每年、每月）检测、普查的事项均应由投标人在标书中做出具体计划。

四、管理目标及各项指标要求

（一）管理目标

成为北京市执行物业管理法规和服务标准化的典范；为小区的广大业主提供安全、舒适、温馨的生活环境，为业主提供良好的服务。

（二）管理服务应达到的各项指标

1. 杜绝火灾责任事故，杜绝刑事案件。

2. 环境卫生、清洁率达99%。

3. 消防设备设施完好率达100%。

4. 房屋完好率达98%。

5. 设备完好率达100%。

6. 智能化系统运行正常率达98%。

7. 零修、报修及时率达100%，返修率小于1%。

8. 服务有效投诉少于1%，处理率达100%。

9. 业主满意率达95%。

五、物业管理服务收费及财务管理要求

1. 房屋及设施设备的大中修理费用不计入物业管理成本。大中修理费用发生时，按《住宅公共部位公用设施设备维修基金管理办法》执行（现阶段业主还没交维修基金）。

2. 物业服务费由物业公司按月向业主或使用人收取。

3. 未达到委托协议中服务质量、标准的，经业主大会投票有权修改、终止协议。

4. 中标企业要制定财务预算，年终要进行财务决算并进行财务审计。

六、对投标企业的基本要求

1. 具有北京市国土资源和房屋管理局颁发的《北京市物业管理资质合格证书》的物业管理企业和已在北京市国土资源和房屋管理局登记备案的外省（市）物业管理企业。

2. 企业从事物业管理业务3年以上。

3. 有居住小区的管理经验，享有较高的信誉。

4. 要求管理小区的主要负责人具有管理居住小区3年以上工作经验。

5. 招标人对投标企业进行资格预审的相关要求见招标人发布的《招标公告》。

七、其他需要特别说明的问题

1. 现24小时热水价格为9.2元/吨。

2. 物业管理费设标底。

八、物业管理投标书应包括的基本内容

(一) 公司情况

1. 投标物业管理公司具有合法资格的相关文件及资料。

2. 物业公司的介绍及所获荣誉、奖励的证书复印件。

(二) 管理总体构想

1. 管理模式，各项管理规章制度、机制。

2. 人员配备，人员的选聘及劳资管理、培训。

3. 管理工作必需的物资装备计划情况。

4. 采购制度，成本控制目标、方法。

5. 外包工作选聘的原则、方法。

6. 计算机在工作中的应用。

(三) 日常管理服务项目、标准、承诺指标及采取的措施（略）

(四) 房屋及设施设备的维修养护计划及实施方案（略）

(五) 财务管理制度及物业管理收费标准的测算

1. 财务管理工作模式、制度、预算、决算的方式、内容。

2. 能源费的估算与控制措施。

3. 物业管理费标准及测算明细。

4. 物业管理公司的报酬金额及取酬方式。

5. 达不到管理服务目标愿意接受的经济惩罚。

6. 某某小区的接管方案。

案例二：

这样的合同有效吗？

原告：××房地产开发公司

被告：××物业管理公司

案情简介：

原告××房地产开发公司是××市××新村××高级公寓的开发商。××年上半年，该房地产开发公司在承建过程中就已将该高经公寓的住宅全部预售给了当地某公司、某医院及其他一些个人购房户。同时，该房地产开发公司面向全国对该物业管理项目进行招标。在所有参与竞标的30个投标公司中，××物业公司竞标成功，并与开发商签订了《委托管理合同》。合同约定：××房地产开发公司将其开发的××新村××高级公寓（建筑面积约5万平方米）的物业管理权发包给××物业管理公司。××物业管理公司应于物业竣工时进驻该物业，提供物业管理服务。合同约定承包期为8年，承包金按实际住房面积计算，每月每平米1元，并约定××物业管理公司应于合同签订后10日内向房地产开发公司支付履约保证金10万元。

同年10月，该房地产开发公司又与物业管理公司签订了《维修委托合同》。合同约定：××新村××高级公寓在保修期内的维修任务由房地产开发公司全部委托给物业管理公司承包维修，总承包工程款为20万元。

据此，物业管理公司向房地产开发公司支付了履约保证金10万元，而房地产开发公司也陆续向物业管理公司交付了该物业部分房屋及有关附属设施，面积约为43210平米。

及至第二年6月，该高级公寓建成竣工，经有关部门组织验收合格，共有350家住户相继迁入。当年7月，该高级公寓全体业主召开业主大会，组织成立了业主委员会，并由业主委员会代表全体业主与物业管理公司签订了《委托管理合同》。物业管理公司在实施物业管理行为期间，按合同约定实施物业管理行为，并向住户收取物业管理费、维修基金、水电费等，但是并没有按原合同约定向房地产开发公司支付承包金。房地产开发公司以此为纠纷事由，将物业管理公司作为被告，向××市×区人民法院提起诉讼。

双方陈述：

原告房地产开发公司诉称：原告按照与被告签订的《委托管理合同》，已将××新村约5万平米的高级公寓的物业管理权发包给被告。而被告却只依合同给付原告保证金10万元，承包金分文未付，至今共欠承包金120万元。原告认为被告的行为严重违约，请求法院判决解除合同，判令被告及时偿付拖欠的承包金本金及利息，并相应承担违约责任。

被告物业管理公司答辩，同时提出反诉称：

1. 原《委托管理合同》中关于被告按每月每平方米1元向原告缴纳承包金的约定违反了物业管理法规，是无效条款，不应受法律保护。

2. 原告没有按时按约定的面积交付房屋，造成被告少收管理费100.03万元。

3. 按照双方签订的《维修委托合同》约定，原告应于合同签订当年年底支付维修费6.8万元，此款超期支付1天，应当按总额的3%给付罚款，而房地产开发公司至今未付此款。故被告反诉，请求法院判令原告支付物业管理维修费6.8万元、违约金10万元，以及未按合同约定的面积交付房屋给被告造成的损失。

一审判决：

经××市××区人民法院审理判定：

1. 原告房地产开发公司和被告物业管理公司签订的《委托管理合同》及其补充协议，严重损害了××新村××高级公寓业主的利益，应确认为无效合同，双方依据该合同所取得的财物应相互返还。

2. 房地产开发公司要求物业管理公司支付承包金 120 万元及其利息，以及物业管理公司反诉要求房地产开发公司赔偿因房屋交付延迟和面积不足给其造成的损失，均属无理要求，应予驳回。

3. 房地产开发公司和物业管理公司因《维修委托合同》所产生的纠纷，与本案是不同的法律关系，不予合并审理。房地产开发公司和物业管理公司之间的委托关系虽然无效，但鉴于物业管理公司已对××新村××高级公寓管理多年，为维护该公寓的管理秩序和便于收回住户拖欠的物业管理费、维修基金、水电费等，可限期由物业管理公司将××新村××高级公寓的管理权及维修基金交房地产开发公司代管。

裁决决议：

1. 限房地产开发公司于本判决生效之日起两个月内返还物业管理公司保证金 10 万元。

2. 限物业管理公司于本判决生效之日起两个月内将已收取的维修基金和××新村××高级公寓的有关附属设施（按移交清单所列）交房地产开发公司代管。

一审判决后，被告物业管理公司不服，以房地产开发公司未按期交足物业面积给其造成损失为由，向××市中级法院提出上诉，请求改判。

二审判决：

经××市中级人民法院二审判定：

1. ××新村××高级公寓全部业主组成的业主委员会，已经在迁入后第二年 7 月经××市房地产管理局批准成立，并与上诉人物业管理公司另外签订了《委托管理合同》。该中级人民法院认为：物业管理是近年来住房商品化过程中出现的新行业，谁可以行使该权利，应当由物业的所有权人（即业主）决定。根据地国家建设部 1994 年 3 月 23 日发布的《城市新建住宅小区管理办法》第六条规定，“住宅小区应当成立物业管理委员会，物业管理委员会作为业主大会的执行机构，有权选聘物业管理公司，物业管理人员或其他专业服务机构对本住宅小区进行物业管理，并与其签订物业管理合同”，因此，××物业管理公司与业主委员会签订的《委托管理合同》的授权是有效的。

2. 被上诉人××房地产开发公司只是××新村××高级公寓的开发建设单位，它以招标为名，擅自将住宅小区的物业管理权“发包”给物业管理公司行使，借机收取承包金，该项行为侵犯了业主的合法权益。依据《中华人民共和国民法通则》第五十八条第一款第五项的规定，这个承包合同及其补充协议应为无效合同。依照《民法通则》第六十一条第一款的规定，房地产开发公司应当将保证金 10 万元返还给物业管理公司，其要求物业管理公司偿付承包金和承担违约责任的诉讼请求应当驳回。物业管理公司根据无效合同的约定，要求房地产开发公司偿付因少付物业管理面积而给其造成的损失的反诉请求，不予支持。房地产开发公司对该高级公寓没有物业管理权，原审在处理合同无效时虽然注意到这一问题，但是以维护该公寓的管理秩序和便于收回住户拖欠的物业管理费、维修基金、水电费等为由，判决将该高级公寓的物业管理权及维修基金交房地产开发公司代管，没有法律依据，应当撤销。现该高级公寓业主委员会已经成立，并与物业管理公司签订了《委托管理合同》，这是业主行使权利的行为。物业管理公司据此提出上诉有理，应予支持。

3. 物业管理公司请求判令房地产开发公司按照合同向其支付物业管理维修费6.8万元及违约金10万元，属于另一法律关系，一审不予合并审理是正确的。一审判决认定事实部分不清，判决部分不当，应予纠正。

裁决决议：

综上所述，××市中级人民法院依照《中华人民共和国民事诉讼法》第一百五十三条第一款第三项的规定，作出判决如下：

1. 维持××市××区一审判决第一项。

2. 撤销××市××区人民法院一审判决第二项。

3. 变更一审判决第三项为：驳回被上诉人××房地产开发公司要求上诉人××物业管理公司偿付承包金和承担违约责任诉讼请求；驳回××物业管理公司要求××房地产开发公司偿付因少交付物业管理面积造成的经济损失的反诉请求。

【关键概念】委托招标、公开招标、议标

复习思考题

一、填空题

1. 从招标整个交易过程来看，它必然包括(　　)和(　　)两个最基本的环节。

2. (　　)，是指物业所有权人或其法定代表的开发商或业主委员会，在为其物业选择管理者时，通过制定符合其(　　)和(　　)的招标文件向社会公开，由多家竞投物业管理企业参与竞投，从中选择最佳对象，并与之订立(　　)的过程。

3. (　　)，是指符合招标文件要求的物业管理企业，根据(　　)确定的各项管理服务要求与标准，根据国家有关法律、法规与本企业的实力，(　　)，参与(　　)，以求通过市场竞争获得(　　)的过程。

4. (　　)是物业管理(　　)向(　　)提供的指导投标工作的规范文件。

5. (　　)与招标公告的目的大致相同，其目的是(　　)，从而使潜在投票人获悉物业管理项目招标信息后，决定是否参加投标。

6. 投标人须知的目的是为(　　)过程制定规则，是(　　)的重要组成部分。

二、单项选择题

1. (　　)全国人大常委会第九届十一次会议通过的我国第一部《招投标法》，确定了强制性招标制度。

A. 1999年8月30日　　B. 1998年10月5日

C. 1999年9月30日　　D. 1997年8月30日

2. 在物业管理投标过程中，(　　)始终担任着主要角色。

A. 财务部　　B. 设备工程部

C. 经营开发部　　D. 管理部

3. 开标和评标是招标文件体现(　　)的招标原则的关键。

A. 公平　　B. 公正

C. 合理　　D. ABC

4. (　　)是指不公正刊登广告而直接邀请某些单位投标的招标方式。

A. 公正招标　　B. 邀请招标

C. 议标　　D. 自行招标

5. 评标委员会由招标人代表和物业管理方面的专家组成，成员为5人以上单数，其中招标人代表以外的物业管理方面的专家不得少于成员总数的(　　)。

A. 1/2　　B. 1/3

C. 2/3　　D. 1/4

三、多项选择题

1. 物业管理招投标的特点有(　　)。

A. 早期介入的特点　　B. 阶段性的特点

C. 不确定性的特点　　D. 长期性的特点

2. 物业管理招投标应遵循的原则是(　　)。

A. 公平原则　　B. 公正原则

C. 公开原则　　D. 透明原则

3. 作为一种民事代理人，招投标代理机构享有的权利包括(　　)。

A. 组织和参与招投标活动

B. 依照招标文件规定，审查投标人的资质

C. 按照规定标准收取招标代理费

D. 招标人或投标人授予的其他权利

4. 按物业管理招投标方法可分为(　　)两种。

A. 公开招标　　B. 邀请招标

C. 自行招标　　D. 委托招标

5. 按物业管理招投标形式可分为(　　)。

A. 公开招标　　B. 邀请招标

C. 议标　　D. 自行招标

6. 下列属于投标邀请书主要内容的有(　　)。

A. 业主名称　　B. 项目名称

C. 地点　　D. 范围

7. 下列属于投标人须知内容的有(　　)。

A. 总则说明　　B. 招标文件说明

C. 投标书的编写　　D. 投标书的递交

四、判断题

1. 投标是对招标的回应，是竞做承包者的行为。（ ）

2. 没有招标就不会有供应商或承包商的投标；没有投标，采购人的招标也可以得到响应。（ ）

3. 物业管理招投标实质是物业管理权的一种交易形式。（ ）

4. 招投标代理机构，在我国是独立核算、自负盈亏的从事招投标代理业务的社会组织。（ ）

5. 投票邀请书可以归入招标文件中，但不可单独寄发。（ ）

五、简答题

1. 简述物业管理招标程序。
2. 简述物业管理投标程序。
3. 按国际惯例，招标文件的内容可概括为哪些部分？
4. 简述组成招标文件的六要素。
5. 通常物业管理投票书主要有哪些项目？
6. 简述物业管理投标书编写要注意哪些事项。

第四章 DISIZHANG

物业管理的资金管理

学习目标

□ 知道物业管理资金的主要来源渠道，清楚物业服务费支出的主要内容
□ 懂得物业管理专项基金适用的主要项目
□ 掌握住宅小区公共性物业服务收费标准的测算方法
□ 了解物业管理企业成本费用与收入的主要内容
□ 了解物业管理资金预算编制的基本方法

第一节 物业管理资金的来源与使用

一、物业管理资金的来源

为推动和规范物业管理的发展，国家和政府先后制定了一系列有关政策，建立了多渠道、多层次的物业管理经筹集机制。从总体上看，物业管理资金来源主要有以下几个方面：

（一）物业管理服务费

物业管理服务费是指经工商行政管理机关登记注册的物业管理单位接受物业所有人、使用人委托，对城市住宅小区内的房屋建筑及其设备、公用设施、绿化、卫生、交通、治安和环境容貌等项目，开展日常维护、修缮、整治服务所收取的费用。根据国家发展和改革委员会、建设部制定的《物业服务收费管理办法》（发改价格［2003］1846号）（以下简称《收费管理办法》），物业管理企业可以而且应该就其提供的物业服务收费。该费用是指物业管理企业按照物业服务合同的约定，对房屋及配套的设施设备和相关场地进行维修、养护、管理，维护相关区域内的环境卫生和秩序，向业主收取的费用。简称物业服务费或物业费。

在物业管理经费的筹集中，物业服务收费应是物业管理经费长期稳定的主要来源。通过双方谈判，制定合理的收费标准，确保稳定的资金来源是每一个物业管理企业必须面对的重要问题。

（二）物业管理专项基金

物业管理专项基金包括物业共用部位、共用设施设备维修基金、委托管理的其他类型房屋的维修基金。

1. 物业共用部位、共用设施设备维修基金。一个物业管理区域内有两个以及两个以上产权人的，应当建立“物业共用部位、共用设施设备基金”（以下简称维修基金）。为此，建设部、财政制定了《住宅共用部位共用设施设备维修基金管理方法》（建筑房［1998］213号）（以下简称《维修基金管理办法》），非住宅商品房可以参考该办法执行。另外，《物业管理条例》也对维修基金的相关事宜作出了规定。

维修基金属于全体业主所有，专项用于物业共用部位、共用设备实施保修期满后的大中修和更新、改造。这些费用一旦需要支出，数额巨大，单靠日常管理收费无法负担，因此，有必要以基金的形式事先提取。

物业的共用部位是指物业主体承重结构部位（包括基础、承重墙体、柱、梁、楼板、屋顶等）、户外墙面、门厅、楼梯间、走廊通道等。

物业的共用设施设备是指物业区域内，由全体业主或部分业主共同拥有并使用的上下水管道、落水管道、水箱、加压水泵、电梯、天线、供电线路、共用照明、消防设施、绿地、道路、沟渠、池井、非经营性停车场库、公益性文体设施和共用设施设备使用的房屋等。

2. 委托管理的其他类型房屋的维修基金。委托管理的其他类型房屋的维修基金一般按重置价的一定比例提取，有些地方也按上述两项专项基金的收取办法收取。不管是何种房屋，如发生某些特殊情况（如高层住宅更换电梯等），致使维修基金不敷使用时，物业管理单位应向业主委员会提出申请，并经业主委员会研究决定，可临时向业主筹集。

（三）经营收入和利润

物业管理企业通过经营业主委员会或物业产权人、使用人提供的房屋建筑物和共用设施取得经营收入，如开展房产的销售或租赁、经营停车场等。这些经营业务都可收取相当可观的佣金，而形成相应房产销售与出租等经营收入。

在不向政府要钱，不增加居民的经济负担情况下，物业管理企业可根据自身的情况，积极开办多种经济实体，开展多种经营，创造经济效益，以业养业，补充小区物业管理经费的不足。如组建工程队，完善住宅小区配套建设，建小区围墙、停车场等，开办商店、餐饮、健身房、美容美发厅等。物业管理企业要生存和发展就必须增加积累，扩大经营规模，因而要靠多种经营取得收入。多种经营收入是当前物业管理企业发展不可忽视的重要来源。

> **提示：**
> 物业管理企业开展多种经营的收入和利润，从性质上讲属于物业管理企业的收入和经营利润。

二、物业管理资金的使用

（一）物业管理资金的使用方向

物业管理资金的使用主要包括三个方面：

1. 成本性资金的支出与使用。成本性资金支出，是物业管理服务在一定时期内发生的，用货币形式表现的劳动生产耗费。其包括劳动对象（如原材料）的耗费、劳动手段（如机器设备、办公用品、劳动工具等）的耗费和劳动力（管理人员的薪金及福利、保险费等）的耗费三方面。

2. 公益性资金支出与使用。公益性资金使用也称公益性资金支出，是物业管理企业作为社会成员之一，必须承担的社会责任与义务的资金性支出，也可称之为“社会存在成本支出”。公益性资金支出包括向社会福利事业捐资、抢险救灾支出、赞助社会公益活动、做公益性广告资金支出。

3. 投资性资金支出与使用。投资性资金支出是为了筹集发展用资金而使用的资金，是物业管理资金使用的一个方面。包括把暂时不用或缓用的物业管理资金用于收益性投资支出，如购买股票、债券、投资等资金支出。这些资金的支出目的是回收更多的资金，以求取得更大的资金回报，是有资金回收的资金使用支出，与成本性资金使用支出有本质上的不同。

（二）物业管理费的使用原则

1. “以业养业”的原则。各类费用的测定、收支均应做到“业主至上，合理合法”，“取之于民，用之于民”，并逐步实现“以楼养楼”，“以区养区”。

2. 民主管理的原则。积极推行民主管理制度，尊重业主代表和业主委员会的意见，定期公布账目，一般每半年公布账目一次，接受业主和住户的监督，使物业管理费的收支、使用、保管处于有监督、有制约的良性循环之中。

3. 一业为主、多种经营的原则。坚持以物业管理为主，尽量减少经济负担，做到服务好、收费少；同时努力开展多种经营，广开财源，增加物业管理企业相关的收益，以达到自我完善、自我运转、自我发展。

（三）物业管理启动资金的使用

物业管理启动资金主要用于物业管理企业的开办费支出，此外，其他部分将参与物业管理的资金运动，如为满足日常办公的需要购买相关设备，为工程维修人员购买维修工具与器械等等。物业管理企业应根据所管物业的规模和实际需要作出相应的规定，集中统筹和合理安排这笔资金。

（四）物业服务费的使用

物业管理费是由物业的业主或物业使用人缴纳的，他们对这部分资金是否被有效地使用非常敏感，必须通过一定制度设计，保证他们参与监督管理，定期公布服务费用账目，增强这部分资金的使用透明度。物业服务费支出的项目包括：管理服务人员的工资；物业共用部位、共用设施设备的日常运行、维护费用；物业管理区域清洁卫生费用；物业管理区域绿化养护费用；物业管理区域秩序维护费用；办公费用；物业管理企业固定资产折旧费用；物业共用部位、共用设施设备及公众责任保险费用；经业主同意的其他费用。

（五）物业维修资金的使用

物业维修资金管理依“专户存储，专款专用，按幢设账，核算到户”的原则进行管理。

维修资金专项用于住宅共用部位、共用设施设备保修期满后的维修工程。所谓住宅共用部位、共用设施设备是指住宅楼房内或物业管理区域内属全体业主或部分业主共同所有且使用的房屋的有关部位及设施设备。住宅共用部位、共用设施设备的维修工程是指除日常运行维修养护范围以外的中修、大修及更新、改造工程。

具体说来，通常包括住宅主体承重结构部位、户外墙面、屋面、门厅、楼梯间、电梯间、走廊、通道等维修项目，以及用于住宅或单幢住宅内的公用设施与设备维修，即开发建设单位已将建设费用分摊进入住房销售价格的共用的上（下）水管道、落水管、水箱、加压水泵、电梯、供电线路、楼道照明、消防设施、绿地、道路、路灯、沟渠、池、小区围墙、大门、物业管理用房、非经营性车场车库、文体设施和共用设施设备等。一般供水管道限于每幢总水表与每户分水表之间，供电线路限于每幢总电度与每户分电度表之间，供电（水）一户一表、电信线路、管道煤气和有线电视线路除外。

维修资金在使用中有以下几点要求：

1. 物业管理企业在每年年初制定房屋共用部位、共用设施设备维修（包括大修、中修、更新、改造）计划及经费预算，报业主大会批准后执行。

2. 维修计划实施前，物业管理企业应以专业的角度向业主委员会提交几种可供选择的维修方案和费用预算，由业主委员会和第三方来共同评估和监督，以确保资金的有效、合理使用。

3. 维修项目完成后，物业管理企业持业委会批准的验收证明到银行办理专项维修资金支取手续；并根据竣工决算进行维修资金的具体分摊，并计入各产权人明细账户中。

第二节　物业管理费用标准的制定

一、物业管理费的定价形式

物业服务收费标准应当区分不同物业的性质和特点，分别实行政府指导价和市场调节价。具体定价形式由省、自治区、直辖市人民政府价格主管部门会同房地产行政主管部门确定。随着市场经济的发展，物业管理后收费也将逐步走向市场化。

（一）政府指导价

物业服务收费实行政府指导价的，有定价权限的人民政府价格主管部门应会同房地产行政主管部门根据物业管理服务等级标准等因素，制定相应的基准价及其浮动幅度，并定期公布。具体收费标准由业主与物业管理企业根据规定的基准价和浮动幅度在物业服务合同中约定。

按照我国《价格法》的规定，政府指导价的确定应通过听证会，征求业主、物业管理企业和有关方面的意见后最终确定。同时，政府指导价的具体适用范围、价格水平，应当根据经济运行情况，按照规定的定价权限和程序适时调整。

消费者、经营者可以对政府指导价提出调整建议。

（二）市场调节价

市场调节价，是指由经营者自主制定，通过市场竞争形成的价格。在实际招标和中标谈判中，通过市场竞争，物业服务收费实质是业主和物业管理企业双方协商的结果。实行市场调节价的物业服务收费，由业主与物业管理企业在物业服务合同中约定。

原有的住宅小区多数采用政府定价，目前由于政府定价偏低，物业管理单位的管理成本与可收管理费之间往往存在很大的差距。如果没有房地产开发商的支持，物业管理单位运作就较为困难，更谈不上提高管理水准。随着国家规范房地产市场进程的日益加快，建、管相分离是必然趋势，开发商没有义务，也不可能继续资助与其无直接利害关系的物业管理企业，因此，该种收费方式只是现阶段的过渡。

新建住宅小区已逐步实行政府指导价及采用以成本核算为依据的物业管理收费方式。它以服务内容、管理标准作为成本测算的依据，是今后住宅小区物业管理收费的主要方式。

市场经济体制下的物业管理，推行的是“有偿使用，有偿服务”，“谁享用，谁受益，谁承担”的原则，促使管理逐步走上“以业养业，自我发展”的道路。它的定价标准是以实际发生的费用为基础，结合物业管理的服务内容、服务质量、服务深度来核定，但核定的收费标准应向当地物价部门备案。

二、物业管理费的计费方式

《收费管理办法》第九条规定：业主与物业管理企业可以采取包干制或者酬金制等形式约定物业服务费用。包干制和酬金制是两种不同的计费方式，下面简要介绍这两种方式的特点、区别及适用条件。

（一）包干制

包干制是指由业主向物业管理企业支付固定物业服务费用，盈余或者亏损均由物业管理企业享有或者承担的物业服务计费方式。实行包干制时，物业服务费用的构成包括：物业服务成本、法定税费和物业管理企业的利润。

包干制的最大特点是无论管理好坏，经营盈亏均由物业管理企业承担，而与业主无关。实行包干制的前提是对物业服务费标准双方事先要有约定和承诺，即包干的具体额度。通常，实行政府指导价的物业，其物业服务收费实行包干制。当业主方对物业服务收费的测算和市场行情不甚明了时，往往对包干制的额度把握不定，此时不宜实行包干制。

包干制是物业管理公司按照与业主双方约定的物业管理收费标准来收费，而不论管理好坏、经营盈亏，物管公司收费标准都不变的一种合作模式。在这种模式下，节省的开支可能成为物业管理公司的利润。其特点是执行起来较为简单，利于小型的物业管理公司采用。同时，在业主委员会成员管理水平有限，精力有限的情况下，实行包干制省去了对物业服务企业进行账目监督和审计等问题，简便易行。

（二）酬金制

酬金制是指在预收的物业服务资金中按约定比例或者约定数额提取酬金支付给物业管理企业，其余全部用于物业服务合同约定的支出，结余或者不足均由业主享有或者承担的物业服务计费方式。

实行酬金制，预收的物业服务资金包括物业服务支出和物业管理企业的酬金。预收的物业服务支出属于代管性质，为交纳费用的业主所有，物业管理企业不得将其用于物业服务合同约定以外的支出。如果物业服务收费采取酬金制方式，物业管理企业或者业主大会可以按照物业服务合同约定，聘请专业机构对物业服务的资金年度预决算和物业服务资金的收支情况进行审计。

酬金制实质是实报实销制，物业服务企业按双方协商确定的预算预收基本费用，一个会计年度结束后进行决算并向业主多退少补。在这种模式下，物业管理企业只收取与业主事先约定好的酬金部分（酬金可事先约定提取比例或固定额度）。由于预收的物业服务支出是代管性质，所以这笔支出不缴纳相关税金。

从上述分析可以看出，酬金制更体现了市场经济的要求，更加透明化，一般较高档的物业适合选择酬金制的计费方式。

三、住宅小区公共性物业服务收费标准的测算

（一）住宅小区公共性服务费用的构成

住宅小区公共性服务费用由以下几项构成：管理服务人员的工资和按规定提取的福利费；房屋共用部位、共用设备设施日常运行维修（小修）及保养费；绿化管理费；清洁卫生费；保安费；办公费；物业管理单位固定资产折旧费；法定税费；合理利润。

（二）测算依据和步骤

住宅小区公共性物业服务收费标准由各地根据本地区综合服务项目、劳动付出状况、物价指数变化、住户的经济承受能力，以及住宅小区的档次制定。

物业管理费的测算，可分为以下几个步骤：①根据住宅小区的规模、档次和管理目标，设立岗位，配备相应能力的人力资源；估算为住宅小区进行统一管理、达到确定的管理目标所发生的各类各项费用；考虑统一管理能取得的社会效益、环境效益和经济效益。

（三）公共服务收费的测算

公共服务收费的测算可按下式计算：

$X = \sum X_i$（$i = 1, 2, \cdots, 9$）

其中：X 为公共性服务收费标准，单位为元/月·平方米；X_i 为各分项费用收费标准，单位为元/月·平方米；i 为分项项数；$\sum$ 为表示对各分项费用算术求和。

（四）主要项目测算方法

1. 管理、服务人员的工资、社会保险和按规定提取的福利费等（X_1）。该项费用指物业管理企业的人员费用。包括：基本工资、社会保险和按规定提取的福利费、加班费和服装费。

基本工资（F_1，元/月）：各类管理、服务人员的基本工资标准根据企业性

质，参考当地平均工资水平确定。

社会保险费（F_2，元/月）：包括医疗、工伤保险、养老保险、待业保险、住房基金（含住房公积金）等，应根据当地政府的规定由企业确定。

规定提取的福利费（F_3，元/月）：包括以下三项：（1）福利基金，按工资总额的14%计算；（2）工会经费，按工资总额的2%计算；（3）教育经费，按工资总额的1.5%计算。上述三项费用之和即为按规定提取的福利费。

加班费（F_4，元/月）：加班费按人均月加班2~3天，再乘以日平均工资计算，日平均工资按月22个工作计算。

服装费（F_5，元/月）：按每人每年两套服装计算，其服装标准由企业自定。住宅小区物业管理企业一般应不超过中档服装标准。计算出年服装费总额后再除以12个月，即得每月服装费。

该项费用的测算方法是根据所管物业的档次、类型和总收费面积，先确定各级各类管理、服务人员的编制数；然后再确定各自的基本工资标准，计算出基本工资总额；再按基本工资总额计算上述各项的金额；汇总后即为每月该项费用的金额，最后分摊到每月每平方米。

其测算公式为：

工资、福利费 X_1（元/月·平方米）=（月基本工资总额+各项福利费、社会保险费+加班费+服装费）/总建筑面积

2. 物业共用部位、公用设施、设备日常运行、维修及保养费（X_2）。该项费用包括小区楼宇内共用部位及小区道路环境内的各种土建零修费；各类共用设施设备的日常运行、维修及保养费（不包括业主拥有房产内部的各种设备设施的维修、养护、更新费用）；公用天线保养维修费用，高压水泵的运行、维修费用；冬季供暖费。这些费用按国家和当地的现行 规定与标准另行收取。

物业共用部位，公用设施、设备日常运行、维修及保养费可按以下两种办法进行测算：

第一，成本法。成本法即分别测算各分项费用的实际成本指出，然后求和。该项总费用大致包括以下各分项：

（1）共用部位及道路的土建零修与保养费（F_1，元/月）。

（2）给排水设备日常运行、维修及保养费（F_2，元/月）。包括维修保养费及电费。电费的计算公式如下：

$$电费 = W \times 24 \times a \times 30 \times P_{电}$$

式中：W为设备用电总功率；a为使用系数=平均每天开启时间/24；30为每月天数；$P_{电}$ 为电费单价（元/度）。

（3）电气系统设备维修保养费（F_3，元/月）。

（4）燃气系统设备维修保养费（F_4，元/月）。

（5）消防系统设备维修保养费（F_5，元/月）。

（6）公共照明费，包括大厅、门厅、走廊的照明及路灯、装饰灯（含节日装点灯）费用（F_6，元/月）。包括维修保养费及电费。电费的计算公式如下：

电费 = （$W_1 \times T_1 + W_1 \times T_2 + \cdots$） $\times 30 \times P_{电}$

式中：W_1 为表示每天开启时间为 T_1（小时）的照明电器的总功率（千瓦/小时）；T_1 为表示每日开启的时间（小时）

上述各项的维修保养费均是估算值或经验值。

(7) 不可预见费（F_7，元/月）。可按 8% ~ 10% 计算（1）~（6）项的不可预见费。

(8) 易损件更新准备金（F_8，元/月）。易损件更新准备金指一般共用设施设备的更新费用，如灯头、灯泡、水龙头等。不包括重大设施设备的更新费用。其测算公式为：

$$F_8 = \frac{\sum (M_i + I_i)}{12 \times Y_i}$$

式中：M_i 为一般公共设施的购置费，包括照明系统、给排水系统、给排水系统、电气系统、消防系统等；I_i 为各设施的安装费用；Y_i 为各设施的正常、安全使用年限。

此项费用也可分别计入各相关项目的维修保养费中，而不单独列出。

将上述八项费用求和后，再除以总收费面积，即得到每月每平方米应分摊的费用，公式为：

$$X_2 = \sum_1^8 F_i / S$$

式中：S 为总收费面积（单位为平方米）

第二，简单测算法。是指以住宅每平方米建筑成本为基数，普通多层住宅公共设施、设备建造成本按住宅建筑成本的 15% 计取，折旧年限按 25 年计算，每月/每平方米建筑面积应分摊的公共设施、设备的维修保养费按月折旧费的 40% 提取。其计算公式为：

$$X_2 = \frac{每平方米建筑成本 \times 15\%}{25 年 \times 12 月/年} \times 40\%$$

上述两种测算方法，简单测算法简便易行，一般适用于普通住宅小区的费用测算。测算时，要注意建筑成本应取现时同类住宅的建筑成本计算。成本法需要较多的物业管理实践与经验，一般适用于高档住宅和写字楼、商贸中心等物业的费用测算。

3. 物业管理区域清洁卫生费用（X_3）。清洁卫生费，指楼宇内共用部位及小区内道路环境的日常清洁保养费用。包括：清洁工具购置费（如垃圾桶、拖把等）（F_1，元/年）；劳保用品费（F_2，元/年）；卫生防疫消杀费（F_3，元/年）；化粪池清淘费（F_4，元/年）；垃圾外运费（F_5，元/年）；清洁环节所需的其他费用（F_6，元/年）；

可按实际情况计算各项年总支出，求和后再分摊到每月每平方米每收费面积。其公式如下：

$$X_3（元/月 \cdot 平方米）= \frac{\sum_1^6 各项费用年支出}{12 \times 总收费面积} = \frac{\sum_1^6 F_i}{12 \times s}$$

4. 物业管理区域绿化养护费用（X_4）。小区环境内绿化的养护费用包括：绿化工具费（如锄头、草剪、枝剪、喷雾器等）、劳保用品费（手套、口罩、草帽等）、绿化用水费、农药化肥费用、杂草杂物清运费、补苗费、小区环境内摆设的花卉等项费用。

第一，成本法。绿化管理费包括以下各项：绿化工具费（F_1，元/年）；劳保用品费（F_2，元/年）；绿化用水（F_3，元/年）；农药化肥费（F_4，元/年）；杂草清运费（F_5，元/年）；景观再造费（F_6，元/年）；此项包括补苗费、环境内摆设花卉等费用。

上述各项费用通常按年估算，除以 12 个月总和收费面积即得出每月每平方米应分摊的绿化管理费，分式如不：

$$X_4（元/月·平方米）=\frac{\sum_{1}^{6}F_i}{12\times s}$$

第二，简单测算法。按每平方米绿化面积确定一个养护单价，如 0.10～0.2 元/月·平方米，乘以总绿化面积再分摊到每平方米建筑面积。

绿化面积用总建筑面积除以容积率再乘以绿化覆盖率计算，也可按实际绿化面积计算。计算公式为：

$$X_4（元/月·平方米）=\frac{绿化面积\times 养护单价}{总收费面积}$$

$$绿化面积（平方米）=\frac{总建筑面积}{容积率}\times 绿化覆盖率$$

四、物业管理费用制定中应注意的几个问题

（一）前期物业管理费用的测算

《物业管理条例》规定，建设单位应当在销售物业前，制定业主临时公约、选聘物业管理企业，签订前期物业服务合同。前期物业服务合同至业主委员会与物业管理企业签订新的物业服务合同生效时终止。从中可以看出，前期物业服务合同包括两个阶段：合同签订之日起到物业的正式交接（业主开始入住）；正式交接后到新的物业服务合同生效。这两个阶段由于物业管理公司投入的人力、物力和责任均不同，所以支出的费用也不同。

1. 顾问费和开荒费。在前期物业管理的第一阶段，由于物业未正式交接，物业管理公司不可能全面进住，只是发挥咨询、顾问作用和进行各项准备工作。咨询、顾问发生的费用称为前期顾问费；进行各项准备工作，通常称为“开荒”，发生的费用称为“开荒费”。这两笔费用由双方根据投入的人力、物力、财力和工作的范围协商议定。

2. 固定资产投入。任何物业管理公司进行物业管理服务，都需要配备一些固定资产，例如，办公、通讯、交通、工程维修等设备与器械。在物业服务成本或者物业服务支出的构成中，均列入了固定资产折旧这一项，就是对此的补偿。问题在于最初购买固定资产的费用由谁支付、如何支付等值得注意。一般固定资产的购置有三种办法，相应的固定资产的产权归属也是不同的。

第一，物业管理公司自行出资购置。此时，每年折旧费用由物业管理公司提取，固定资产产权属物业管理公司。

第二，物业管理公司向业主方借资购买。此时，每年折旧费用由物业管理公司提取后还给业主（通常，此笔费用不计取利息），固定资产产权属物业管理公司，物业管理公司更换时，可带走剩余的固定资产。

第三，业主方出资自行购买，交由物业管理公司使用。同样，每年折旧费由物业管理公司提取后付给业主，但固定资产产权属业主。物业管理公司更换时不能带走剩余的固定资产。

这时需要强调的是，物业管理公司无权也不应该向业主方索要所谓的“物业管理启动费”。

3. 保修期内维修费用的计算。物业在竣工交付使用后都有一个法定的保修期。在保修期内，原施工方应对共用部位（比如道路、场所等）实行保修；一些大型设施、设备的供应商应对其提供的设施、设备提供保修和一定期间的养护（如电梯、水泵等）。保修期通常1～2年，在保修期内，发生的维修、养护费用除甲方责任外，由乙方（施工方或设备供应商）负担。因此，在业主入住后的第一年内，一方面因为是新建物业，共用部位、共用设施设备发生损坏的概率很小；另一方面，发生后的维修费用大部分由乙方负担，所以，第一年的物业服务费用中这一部分应有相应的扣除或减少。通常第一年的收费标准单算，低于以后的收费标准。

（二）物业管理企业酬金的提取

我们在前面有关物业管理企业的酬金一节中已经说过，实行酬金制的，酬金的提取通常有两种计算方式：固定提取比例和固定提取数额。显然，这两种计算酬金的方式都不利于激励物业管理企业努力提高管理水平，减少支出。按照市场经济共赢的原则，可采用浮动的酬金计算方式。即先确定一个基本的物业服务支出总额和相应的提取比例或提取数额，在年终决算时，如果物业服务水平达到合同要求，而实际支出小于原定的支出额时，可相应提高酬金的提取比例或提取数额。

（三）物业服务费的收缴率

由于多种原因，物业服务费的收缴率不可能达到100%，这就产生了漏交的问题。如果将因个别业主漏交、拒交而造成的损失摊到其他业主身上，显然是不合理的。

解决这一问题的正确途径是：

1. 要广泛宣传，让全体业主明了物业服务费的实质是属于全体业主的，不交费、不按期交费的业主侵占的是其他按时交费业主的利益。

2. 在物业服务合同的谈判和签订时，双方有必要确定一个基本收缴率，如业主方应保证缴费率95%，或90%以上，如达不到基本收缴率，则业主方违约。

3. 当个别业主逾期（通常3个月）不交纳物业服务费用时，业主委员会应当督促其限期交纳，逾期不交纳的，业主委员会可以出具证明，物业管理企业据此可以向人民法院起诉。

4. 通常拒交费用的业主会说出种种拒交费用的原因或理由，如对物业管理企业的某种做法有意见，或认为物业管理企业侵犯或损害了自己的利益等。处理这类问题的基本原则是该交费先交费，因为费用和全体业主有关，存在的问题该解决的也要解决，这些问题是与物业管理企业或与个别人有关，不能把这两类不同的问题混在一起。

(四) 住宅小区内非住宅物业的收费

在同一住宅小区内，会有部分物业属于非居住性用房，如底商。对此类非居住性质的房屋，物业服务费如何收取是个值得研究的问题。首先应分清此类用房的产权性质，如是属于全体业主的共用部位用于经营，其经营收益属于业主，其物业服务费是否收取、收取多少均已含在其经营成本或收益中，故不存在问题。对于产权属于个人，而用于经营性的房屋，物业服务费收取多少，是否与用于居住的房屋收取同一标准的物业服务费，一直未有明确的规定。依据业主自治的原则，这一问题可由全体业主共同商定。考虑到此类房屋的经营性的特点，人流、物流频繁，其收费原则上应高于居住房屋收费标准。

(五) 物业服务费用的调整

物业服务合同是有期限的，在此期限内，对于实行包干制的物业服务费能否调整、如何调整也是一个值得考虑的问题。随着经济的发展，全社会的工资水平在上升，物价指数稳中有升，水、电等能源费也在逐步上调，这些都直接导致物业服务成本或者支出的增加。如果收费标准一定几年不变，则有失公允，也不利于物业管理行业的发展。因此，在物业服务合同洽谈时，双方应对物业收费的调整作出具体约定。例如，实行政府指导价的，政府指导价调整时，物业服务费作相应调整；当消费指数上升超过某一数值时，物业服务收费作部分调整；此外，还有当地最低工资标准的提高，水、电等能源费用的上升等等。

未入住的房子物业费由谁交?

该问题主要取决于地方性法规的规定。有些地方性法规对未装修的空置物业的物业管理费由双方协商约定，允许按应交费用的六至八折交纳；有些地方法规则认为只要办理了房屋交付手续，物业费就得全额支付，对于由于开发商的原因造成的无法交房入住，其物业费应由开发商全额支付给物业公司。

五、物业服务费的测算及管理实训

实训目的：

物业服务费是保证日常物业服务工作正常运转的主要资金来源。通过实习，进一步熟悉《物业服务收费管理办法》(2004 年 1月 1 日实施)，并能灵活运用该办法来解决拖欠物业服务费的问题。同时能根据物业服务成本构成明细测算物业服务成本，进行物业服务费年度收支预算管理。

实习场地、设备、工具、材料实习场地、设备、工具、材料：

国家发改委和建设部于2004年1月1日实施的《物业服务收费管理办法》、《中华人民共和国价格法》、物业服务合同以及物业服务收费的部分案例。

实训要求：

1. 能区分物业服务费与物业维修基金；
2. 能在《物业服务收费管理办法》及相关地方法规的指导下处理日常事务；
3. 能测算物业服务费理论成本；
4. 能够协调业主和物业公司之间在服务收费方面的矛盾。

实训项目操作规程：

1. 物业服务费理论成本测算。

(1) 测算口径。

①物业收费等级核定。以总建筑面积为5万平方米的多层住宅小区为核算单位，根据所管物业实际按如下进行核定：住宅建筑面积占总建筑面积的比例：物业收费等级为一、二、三级的按90%核定，四级按75%核定；容积率：一、二、三级为1.5，四级为1.2；绿地率：一级为25%、二级为30%、三级为35%、四级为38%。

②人员配备。按总建筑面积进行配备：一级要求2人/万平方米；二级2.5人/万平方米；三级3人/万平方米；四级4人/万平方米。

③各类人员的比例。在所配置的各类人员中，管理人员应占10%；保安人员占50%；保洁人员占20%；绿化人员占10%；水电维修人员占10%。

④人员工资标准。参照某市劳动和社会保障局的有关文件计算，具体标准如表4-1所示。

表4-1 某市物业管理公司工资标准表

职务名称	月工资（元）
1. 经理	1500
2. 财会人员	800
3. 物管人员	650
4. 治安保卫人员	570
5. 绿化保洁人员	540
6. 水电维修人员	700

⑤福利费。养老金按照工资总额的18%计提；医疗保险、住房公积金等费用按照管理人员工资总额的23.5%计提。

⑥公用照明设施物质补偿。包括外墙、楼梯、消防系统、发配电系统等处的照明，一般按照900元/（万平方米·年）计算。

⑦绿化养护管理费。公共区域植花种草及绿化养护等费用，按支出物质补偿2.0元/（平方米·年）计。

⑧保安、保洁费。保安费按保安人员人数物质损耗补偿300元/（人·年）

计，即保安费 = 300 × 保安人数；保洁费按保洁人员人数 50 元/（人·月）计。

⑨办公费。包括文具、办公用品杂费、交通邮电费及公共关系费用等，按管理人员工资的 25% 计提。

⑩折旧费。按财务部门规定计提。此处按 3000 元/年核定。另外，法定税费按上述④～⑩项总和的 5% 计提。

（2）拟调标准。

①多层住宅。以理论测算成本为基础，扣除按规定提供的经营用房等其他物业服务收入补偿物业管理成本，确定各等级物业服务收费的基准价和浮动幅度，基准价具体为：一级 0.20 元/（平方米·月）；二级 0.25 元/（平方米·月）；三级 0.33 元/（平方米·月）；四级 0.50 元/（平方米·月）。各等级的浮动幅度统一为：上浮 30%，下浮不限。具体浮动幅度由业主委员会与物业公司协商确定，未成立业主委员会的按基准价执行。

②高层住宅按多层住宅的 1.5 倍计收。

③小区内非住宅公共物业服务费：经营用房按多层住宅的 2 倍计收；办公用房按多层住宅的 1.5 倍计收；公益性用房按多层住宅的 70% 计收。

2. 理论成本测算实例（以一、四级收费等级为例）[①]。

实例 1：

某住宅小区总建筑面积 5 万平方米，其中住宅面积占总建筑面积的 90%。容积率为 1.5、绿地率 25%，物业收费等级为一级，共配置 10 名人员。其他条件均按“测算口径”的要求执行。请测算该住宅小区物业服务费的理论成本。

测算步骤如下：

（1）人员工资（共计 80040 元）。

①管理人员工资 18000 元，即：经理 1 人：1500 元 × 12 = 18000（元）

②服务人员工资 62040 元，其中：

保安 5 人：5 × 570 × 12 = 34200（元）

保洁 2 人：2 × 540 × 12 = 12960（元）

绿化 1 人：1 × 540 × 12 = 6480（元）

水电维修 1 人：1 × 700 × 12 = 8400（元）

（2）福利费：80040 元 × 18% + 18000 × 23.5% = 18637.2（元）

（3）公用照明设施物质补偿费：900 × 5 = 4500（元）

（4）绿化养护管理费：2 × 50000 ÷ 1.5 × 25% = 16667（元）

（5）保安补偿费：300 × 5 = 1500（元）

（6）保洁补偿费：50 × 2 × 12 = 1200（元）

（7）办公费：18000 × 25% = 4500（元）

（8）折旧费：3000 元

① 本节提供的物业服务费理论成本测算方案，目的是让参与实习的学生掌握具体的测算方法。而实例中所涉及的具体数字则是根据某市的具体规定而做出的，仅供实习参考。

（9）法定税费：（80040 + 18637.2 + 4500 + 16667 + 1500 + 1200 + 4500 + 3000） × 5.65% = 7347.5（元）

（10）利润：（80040 + 18637.2 + 4500 + 16667 + 1500 + 1200 + 4500 + 3000） × 5% = 6502.21（元）

（11）总费用为：143893.91 元

（12）单位面积费用：143893.91 ÷（50000 × 90%）÷ 12 = 0.267（元）

实例 2：

某高级住宅小区总建筑面积 5 万平方米，其中住宅面积占总建筑面积的 75%。容积率为 1.2、绿地率 38%，物业收费等级为四级，共配置 20 名人员。其他条件均按"测算口径"的要求执行。请测算该住宅小区物业服务费的理论成本。

测算步骤如下：

（1）人员工资（共计 149880 元）。

①管理人员工资 25800 元，即：

经理 1 人：1500 × 12 = 18000（元）

物管人员 1 人：650 × 12 = 7800（元）

②服务人员工资 124080 元，其中：

保安 10 人：10 × 570 × 12 = 68400（元）

保洁 4 人：4 × 540 × 12 = 25920（元）

绿化 2 人：2 × 540 × 12 = 12960（元）

水电维修 2 人：2 × 700 × 12 = 16800（元）

（2）福利费：149880 × 18% + 25800 × 23.5% = 33041.4（元）

（3）公用照明设施物质补偿费：900 × 5 = 4500（元）

（4）绿化养护管理费：2 × 50000 ÷ 1.2 × 38% = 31667（元）

（5）保安补偿费：300 × 10 = 3000（元）

（6）保洁补偿费：50 × 4 × 12 = 2400（元）

（7）办公费：25800 × 25% = 6450（元）

（8）折旧费：3000 元

（9）法定税费：（149880 + 33041.4 + 4500 + 31667 + 3000 + 2400 + 6450 + 3000） × 5.65% = 12902.52（元）

（10）利润：（149880 + 33041.4 + 4500 + 31667 + 3000 + 2400 + 6450 + 3000） × 5% = 11696.92（元）

（11）总费用为：258537.84（元）

（12）单位面积费用：258537.84 ÷（50000 × 75%）÷ 12 = 0.575（元）

[实训练习]

根据实习实际，运用上述测算方法和《物业服务收费管理办法》中提及的“包干制”和“酬金制”分别测算所在实习单位的物业服务费成本。

1. 相关表格拟写。

申办物业服务收费等级需提供以下资料：

(1) 申请书；

(2)《工商营业执照》、《物业管理资质证书》正、副本原件及复印件；

(3) 物业管理服务方案；

(4) 规划部门审批的小区平面图；

(5) 小区设备设施确认书；

(6) 物业管理成本核算表及成本核算资料；

(7) 物业管理中标证明；

(8) 建委审批的建设项目；

(9)《物业管理小区基本情况登记表》、《物业管理企业基本概况登记表》。

表一：

物业服务费申报登记表

1. 物业公司基本情况简介			
公司名称		联系电话	
公司地址		邮政编码	
法人代表		电　　话	
公司资质证书号		营业执照批准文号	
2. 申报小区（大楼）简况			
管辖区域名称		非住宅建筑面积	
管辖区域地址		交付使用时间	
楼幢类别		幢　　数	
建筑面积		住宅建筑面积	
管理处负责人		电　　话	

表二：

________物业服务费年度收入预算表

填报单位：(盖章)

项　　目		计费单位	申报标准	金　额	说　明
综合服务费收入					
其中	高层住宅				
	多层住宅				
	小高层住宅				
	非住宅				
	别墅				
保管费收入					
其中	汽车保管费				
	摩托车保管费				
	自行车保管费				
其他收入					
合　　计					

表三：

________物业服务费年度支出预算表

填报单位：(盖章)

项　目		人员数	工资标准	总金额	说　明
工资福利					
其中	高层管理人员				
	中层管理人员				
	保安人员				
	保洁人员				
	绿化人员				
	水电维修人员				
办公费					
固定资产折旧费					
其　他　费					
税　　金					
利　　润					
合　　计					

2. 实训。根据所学知识，结合所在物业公司实际，制作“××公司公共设备设施养护费、水电费年度收支预算表”。

3. 办理物业服务收费备案的程序。

(1) 物业公司向房地产行政主管部门提出申请，并提交以下资料：

①申请报告（包括总建筑面积、总户数、商业面积、住宅面积、车库面积、绿化面积、已入住户数、公共配套设施等基本情况）；②物业服务收费申请表（申报登记表）；③物业服务收费成本构成及测算说明；④综合验收报告；⑤建筑设计要点及注意事项审批；⑥小区（大厦）整体规划图及相关图纸；⑦物业管理协议书（或者物业服务合同）；⑧物业公司资质证书复印件；⑨标有已交付使用物业管理用房确切位置的图纸（用房四角需加盖公章）；⑩已交纳物业维修基金的有关证明。

(2) 审查备案（由房地产行政主管部门进行）后并加具有关意见。

(3) 持该意见到物价局办理审批手续。

第三节　物业管理企业的财务管理

一、代管基金的管理

（一）代管基金的概念

代管基金是指企业接受业主委员会或者物业产权人、使用人委托代管的房屋共用部位和共用设施设备维修基金。代管基金属于物业产权人所有。

（二）代管基金的管理

代管基金应当专户存储，专项使用，并作为物业管理企业的一项长期负债管理，只能用于房屋共用部位和共用设施设备的大修、中修、更新和改造，不得用于一般的日常维修养护。物业管理企业应按照有关法律、法规或者章程、协议的规定，对代管基金的管理和使用情况定期向物业产权人、使用人报账，接受物业产权人、使用人的检查与监督。经过业主委员会或者物业产权人同意后，代管基金可以用于购买国库券等投资风险小的金边债券，但不得用于炒买炒卖股票、房地产和期货等高风险投资经营活动。代管基金产生的利息净收入，应当经业主管理委员会或者物业产权人、使用人认可后，转做代管基金滚存使用和管理。

二、物业管理企业的成本费用

成本和费用是企业生产经营过程中的资金耗费，对成本和费用的管理是物业管理企业财务管理的核心内容。成本和费用核算是否准确、真实、合理，关系到经营成果的计算是否正确，直接影响国家、企业和职工个人的利益分配。它对于加强企业的经营，提高经济效益，增强企业的市场竞争能力，都具有重要作用。

（一）营业成本

1. 营业成本的构成。物业管理企业的营业成本，是指企业在从事物业管理活动中，为物业产权人、使用人提供维修管理和服务所发生的各项直接支出，包括人工费、直接材料费和间接费用等项目。

（1）直接材料费。是指企业在从事物业管理活动中直接消耗的各种材料、燃料和动力、零件、低值易耗品、包装物等。

（2）直接人工费。是指物业管理活动中，直接为物业产权人、使用人提供维修管理和服务所发生的各项直接支出，包括直接人工费、直接材料费和间接费用等项目。

（3）间接费用。是指企业各物业管理单位为组织和管理本辖区物业管理活动所发生的各项支出以及其他不能直接归属某个项目的费用。包括：物业管理单位管理人员的工资、奖金、津贴和补贴、职工福利费、办公费、差旅费、邮电通讯费、交通运输费、水电费、取暖费、固定资产折旧费及修理费、租赁费、财产保险费、保安费、绿化维护费、低值易耗品摊销以及其他费用等。此外，营业成本还包括企业所属各物业管理单位（非法人实体）经营共用设施设备，如经营停车场、游泳池、球场等共用设施而支付的有偿使用费和对管理用房进行装饰装修发生的各项支出等。

2. 进行营业成本核算应注意的问题。

（1）实行一级成本核算的企业，为简化成本核算，可以不设间接费用，所发生的各项支出直接计入管理费用。

(2)《财务管理费用规定》中确定的营业成本是针对物业管理企业的主营业务来讲的。企业主营业务以外的其他附营活动，如企业从事的工业生产、运输、商业贸易、物资供销、饮食服务等，其成本核算比照相关的行业财务制度执行。但对其他附营活动无论怎样核算，均要作为其他业务支出纳入物业管理企业的经营收支体系管理。

（二）期间费用

物业管理企业的期间费用是指与企业经营没有直接关系或关系不密切，不需要在各个会计期分摊而直接计入当期损益的费用。主要包括管理费用和财务费用。

1. 管理费用。是指企业行政管理部门为管理和组织经营活动而发生的费用，包括：公司经费、工会经费、职工教育经费、劳动保险费、待业保险费、董事会费、咨询费、审计费、诉讼费、排污费、绿化费、税金、土地使用费、技术转让费、技术开发费、无形资产摊销、开办费摊销、业务招待费、团体会费、独生子女补助费、坏账损失、存货的盘亏毁损和报废（减盘盈）损失以及其他管理费用等。此外，企业总部支付的管理用房有偿使用费和企业总部对管理用房进行装饰装修发生的各项直接支出，也应作为管理费用核算的开支项目。

2. 财务费用。是指企业在经营活动中为筹集资金所发生的各项费用，包括：企业生产经营期间发生的利息支出（减利息收入）、汇兑净损失、金融机构手续费以及筹集资金发生的其他财务费用等。

做好财务费用的管理和核算，必须把握以下两点：

(1) 企业生产经营期间发生的筹资费用，计入财务费用。

(2) 筹建期间发生的筹资费用，应分别不同情况处理，属于费用性支出的计入开办费，属于资本性支出的，如与购建固定资产有关，在固定资产尚未竣工或尚未交付使用之前，计入有关的固定资产购建成本。

（三）不得列入成本和费用的项目

物业管理企业购置和建造固定资产、购入无形资产和其他资产的支出，不得列入成本费用。购建固定资产、无形资产所发生的支出属于资本性支出，不能混同于费用性支出列入成本、费用。购建固定资产所发生的支出只能通过固定资产折旧方式从当期收入中补回。至于其他资产属于有专门用途或因其他原因参与企业生产经营周转的资产在财务上也不得列入成本、费用。

三、物业管理企业的收入和利润

（一）营业收入

物业管理企业的营业收入，是指物业管理企业从事物业和其他经营活动所取得的收入。根据物业管理企业的经营特点，应按下列原则对物业管理企业的营业收入进行分类：凡为物业产权、使用人提供服务，为保持房屋建筑物及其附属设施设备完好无损而进行维修、管理所得的收入作为主营业务收入；凡主营业务以外，从事交通运输、饮食服务、商业贸易等经营活动所取得的收入作为其他业务收入。

物业管理企业营业收入的确认原则：《财务管理规定》中规定："企业应当在劳务已经提供，同时收讫价款或取得收取价款的凭证时确认营业收入的实现"。这是物业管理企业营业收入确认的一般原则。根据经营特点，对物业管理企业的营业收入的确认原则又作了两方面的具体补充规定：

1. 企业与业主委员会或者物业产权人、使用人双方签订付款合同或协议的，应当根据合同或者协议所规定的付款日期，作为营业收入的实现。在这一日期，无论企业是否实际收到价款，均应作为营业收入处理。如公共服务费收入和公众代办性服务费收入均应按照这一原则进行处理，不得以收付实现制代替权责发生制。

2. 物业大修收入，应当根据业主委员会或者物业产权人、使用人签证认可的工程价款结算账单确认为营业收入的实现。物业管理企业接受业主委员会或物业产权人、使用人委托，对住宅小区和商业楼宇等物业进行大修理等工程施工活动，由物业管理企业自行出具工程价款结算账单，但必须经委托方签章认可后，才能作为营业收入处理。

（二）主营业务收入

主营业务收入包括物业管理收入、物业经营收入和物业大修收入三项。

1. 物业管理收入是指物业管理企业利用自身的专业技术，为物业产权人、使用人提供服务，为保持房产物业完好无损而从事日常维修、管理活动而取得的收入。管理收入划分为公共性服务费收入、公众代办性服务费收入和特约服务收入三部分。

2. 物业经营收入是指物业管理企业经营业主委员会或者物业产权人、使用人提供的建筑物及其附属设施取得的收入，如房屋出租收入和经营停车场、游泳池、球场等共用设施的收入。

3. 物业大修收入是指物业管理企业接受业主委员会或者物业产权人、使用人的委托，对房屋共用部位、共用设施设备进行大修等工程施工活动所取得的工程结算收入。

（三）其他业务收入

其他业务收入，是指企业从事主营业务以外的其他业务活动所取得的收入。包括：房屋中介代销手续费收入、材料物资销售收入、废品回收收入、商业用房经营收入及无形资产转让收入等。

1. 房屋中介代销手续费收入。这里指物业管理企业受房地产开发商的委托，对其开发的商品从事代理销售活动而取得的手续费收入，称为房屋中介代销手续费收入，作为其他业务收入处理。

2. 无形资产转让收入。无形资产和有形固定资产一样，属于可供企业长期使用的资产。但无形资产是一种特殊的长期资产，与固定资产有较大区别，转让方法也不尽一致。一般而言，固定资产转让是所有权的转让，无形资产转让情况比较复杂，按是否入账可分为已入账的无形资产转让和未入账的无形资产的转让；按转让方式可分为所有权转让和使用权转让。为便于核算、简化手续，无论是否入账的无形资产转让，也不论是所有权还是使用权的转让，无形资产的转让收入均作为其他业务收入处理。

3. 材料物资销售收入。材料物资销售收入是指企业不需用的材料物资对外出售所取得的收入。

4. 商业用房经营收入。商业用房经营收入是指企业利用业主委员会或者物业产权人、使用人提供的商业用房，从事经营活动所取得的收入，如开办商店、饮食店、美容美发店、彩扩中心、歌舞厅等为物业产权人、使用人提供方便所取得的经营收入。这些服务项目不是维持住宅小区和商业楼宇等正常运转所必需的基本服务，相对维持住宅小区和商业楼宇的正常运转而言，属于较高层次的项目，因此，不能列为企业的主营业务收入，只能作为其他业务收入处理。

（四）房屋出租收入与商业用房经营收入的区别

房屋出租收入作为主营业务收入（物业经营收入）处理，商业用房经营收入则作为其他业务收入处理。这主要是由于物业管理企业的经营特点所决定的。

一般来说，物业管理企业根据经营需要，对商业用房要重新进行改造，添加一部分经营设施，增加这些房屋的经济功能，以从事营业性经营活动。这种商业用房经营收入绝不仅仅是房屋本身所带来的收益，而是由于企业利用房屋作为载体从事某种营业性经营活动带来的一种收益。因此，它不能与房屋出租收入混为一谈，只能依据其相关的制度核算，作为物业管理企业的其他业务收入处理。为此，物业管理企业利用物业产权人、使用人提供的房屋所获取的收入，应分别不同情况处理，一是物业管理企业不对业主委员会或者物业产权人、使用人提供的房屋再行添加任何设施，而直接用于出租收取的房屋租金应作为主营业务收入中的物业经营收入处理；二是一旦物业管理企业根据经营需要，对业主委员会或者物业产权人、使用人提供的房屋（如商业用房），再添加一部分经营设施，增加房屋的经济功能，经营健身房、卡拉 OK 歌舞厅、美容美发、彩扩中心、商店、饭店等所取得的收入，应比照相关行业财务制度的有关规定核算，其经营收入作为物业管理企业的其他业务收入处理。

（五）利润

1. 利润总额的概念及其组成内容。利润总额是企业在一定时期内实现盈亏的总额，集中反映了企业生产经营活动各方面的效益。企业利润，是企业最终的财务成果，是衡量企业经营管理体制的重要综合指标。

为了全面准确地反映物业管理企业的经营成果，根据物业管理企业的经营特点，把物业管理企业的经营成果分为主营业务利润和其他业务利润两大部分。物业管理企业的利润组成，用公式表示如下：

利润总额 = 营业利润 + 投资净收益 + 营业外收支净额 + 补贴收入

营业利润 = 主营业务利润 + 其他业务利润

主营业务利润 = 营业收入 – 营业成本 – 营业税金及附加 – 管理费用 – 财务费用

其他业务利润 = 其他业务收入 – 其他业务支出

投资净收益 = 投资收益 – 投资损失

营业外收支净额 = 营业外收入 – 营业外支出

2. 利润总额的组成部分。在利润总额和组成内容中，营业成本、期间费用和其他业务支出已在前面作了介绍。这里只对营业税金及附加、投资净收益、营业外投入、营业外支出、补贴收入等内容重点加以说明。

(1) 营业税金及附加。是指企业按税法规定缴纳的营业税、城市维护建设税和教育费附加等。

(2) 投资净收益。是指投资收益扣除投资损失后的净额。投资收益和投资损失是指企业对外投资所取得的收益或发生的损失。投资收益的内容包括：对外投资分得的利润、股利和债券利息，投资到期收回或者中途转让取得款项高于账面价值的差额，以及按照权益法核算的股权投资在被投资单位的净额资产中所拥有的数额等。

(3) 营业外收入。是指与企业生产经营活动没有直接因果关系，但与企业又有一定联系的收入。列入营业外收入的项目主要有：固定资产的盘盈和处理固定资产净收益、罚款收入、因债权人的原因确实无法支付的应付款项、教育费附加返还款等。

(4) 营业外支出。是指与企业生产经营活动没有直接因果关系，但与企业又有一定联系的支出。列入企业营业外支出的项目主要有：固定资产盈亏、报废、毁损和出售的净损失、非常损失、救济性捐赠、赔偿金、违约金、滞纳金和被没收的财物损失等。

(5) 补贴收入。是指国家拨给企业的政策性亏损补贴和其他补贴，如部分房管所转为物业管理企业后，由于承担直管公务和单位公房的管理任务，房租水平偏低，导致这部分物业管理企业亏损严重，财政部门和主管部门根据国家统一规定，拨给这部分物业管理企业一部分亏损补贴等。物业管理企业收到亏损补贴后，要作为补贴收入并入企业利润总额。

提示：

企业利润总额包括：营业利润、投资净收益、营业外收支净额以及补贴收入。

四、物业管理企业的预算编制

物业管理资金的预算管理是以物业管理目标为导向，以提高管理效益为出发点，以财务管理体系为保障，全面控制物业管理与经营活动的一种计划管理模式。物业管理企业在经营过程中需要重视加强预算管理。

（一）物业管理资金预算编制的程序

资金预算的编制程序：（1）资金预算的编制由预算专业部门负责；（2）根据往年的资金使用情况及预测今年物业管理的发展；（3）根据现有管理资金的掌握情况，于每年初编制出本单位的资金预算计划；（4）领导审批后执行；（5）较大的管理企业应分层编制，层层审核把关，最后汇总论证；（6）资金预算的编制可以自上而下、自下而上，或上下结合论证。

（二）物业管理资金预算编制的原则

1. 目标性原则。即预算编制应围绕物业管理经营目标进行。

2. 全面性原则。凡是与物业管理经营目标相关的经济业务活动都要纳入预算范围，预算编制尽可能全面、系统、平衡、完整。

3. 预算单位与周期性原则。预算编制应确定预算单位的大小和范围，并确定预算周期。

4. 人本原则。预算应考虑人的因素，使之成为有激励效益的预算。

（三）物业管理资金预算的主要内容

1. 收入预算。物业管理公司的收入来自物业管理服务和多种经营（多种经营部分的预算应单独编制预算，在此仅探讨物业管理服务部分）两个方面。管理服务收入是物业管理公司的主营业务收入，这一主营业务收入又可进一步分为管理收入（包括公共服务、公众代办性服务和特约服务三部分）、经营收入和大修收入等。

2. 营业成本预算。营业成本是物业管理公司在从事物业管理活动中发生的各项直接支出，其预算包括直接人工费和直接材料费预算两部分。其中，直接人工费预算是公司在预算期内直接从事物业管理活动人员的工资、奖金和福利费等预计支出，而直接材料费预算是物业管理活动中直接消耗的各种材料、辅助材料、燃料和动力、低值易耗品和包装物等方面的预计支出。

3. 管理费用预算。管理费用预算是财务预算的主要组成部分之一，是对物业管理活动中所发生的间接费用所做的预算。其内容包括物业管理公司管理人员的工资、奖金及职工福利费、固定资产折旧费和修理费、水电费、办公费、差旅费、邮电通讯费、租赁费、保险费、劳动保护费、保安费、低值易耗品摊销和其他费用等。

4. 财务费用预算。财务费用预算是物业管理公司在预算期内为筹措资金所发生费用的预算，其构成项目包括利息支出、汇兑损失、金融机构手续费和其他财务费用等。

5. 资本预算。资本预算也称设备维修更新计划，是物业管理公司为实现物业的保值和增值，根据设备的运行状况和管理服务的需要制定的有关长期资产（固定资产等）购入和更新改造支出的预算。

6. 现金预算。亦称现金流量表，是反映预算期内货币资金的流入、流出以及资金调度的预算。在此，现金并非指现钞，而是指公司的货币资金。该预算是物业管理公司进行货币资金日常管理的基本手段。

7. 预计损益表。预计损益表又称年度利润计划，是在经营决策（包括财务决策）基础上，综合反映物业管理公司预算期（通常为一年，下同）内收入、成本费用和净利润的预算。

8. 预计资产负债表。预计资产负债表或称预计财务状况表，是揭示物业管理公司资产、负债和股东权益在预算期末的水平及其构成的预算。

（四）物业管理资金预算编制的方法

1. 固定预算编制法。固定预算，也叫静态预算，是指以预算期某一固定业务量水平为基础所编制的预算；增（减）量调整预算则是在上期实际的基础上，结合预算期的可能变化，增加或减少某些金额后调整编制而成的预算。这种预算编制方法具有简便易行的优点，多数企业均采用此法编制预算。

（1）日常综合管理费用成本预算公式：

$$P = \sum P_i \quad (i = 1, 2, \cdots, n)$$

（2）人工费用成本预算公式：

$$P_1 = \sum (N_i \times W_i) \quad (i = 1, 2, \cdots, n)$$

式中，N 代表住户；W 代表每户应分摊物业人工费用。

（3）行政办公费成本预算公式：

$$P_2 = F_0 (1 + i\%) - F_0$$

式中，F_0 代表上年度行政办公费。

（4）公用水电费预算公式：

$$P_3 = \sum Q_{电i} \times P_{电} + \sum Q_{水i} \times P_{水}$$

式中，$Q_{电}$ 代表每月用电度数，$P_{电}$ 代表电价；$Q_{水}$ 代表每月用水吨数，$P_{水}$ 代表水价。

（5）保安服务费预算服务公式：

$$P_4 = \sum F_i = F_1 + F_2 + F_3$$

式中，F_1 为门岗人员劳务预算；F_2 为车辆管理劳务预算；F_3 为管理人员劳务预算。

2. 滚动预算编制法。滚动预算也称为连续预算或永续预算，是指将预算期始终保持一个固定期间、连续进行预算编制的方法。其预算期通常以一年为固定长度，每过去一个月或一个季度，便补充一个月或一个季度，永续向前滚动，因此而得名。具体编制方法是先制定一个周期的预算，在执行过程中进修改预算边制定下一个周期的预算。

滚动预算的优点在于遵循了生产经营活动的变动规律，保证了预算的连续性和完整性，长计划、短安排的具体做法，使预算能适时反映实际经营状况，从而更增强了预算的指导作用。当然，采用滚动预算的方法编制预算，也会加大预算的工作量。

（五）物业管理资金预算管理的方法

主要有以成本为中心的预算管理方法和以现金流量为中心的预算管理方法。以成本为中心的预算管理方法将成本预算层层分解到人，着眼于降低成本；以现金流量为中心的预算管理方法控制现金流入流出，尽量做到用最少的钱办更多的事。另外，还有以利润或出资人利益为中心的预算管理方法、以资本预算为中心的预算管理方法等等。

【案例阅读】

标书价格战

7月的一天，为了一个研发中心大厦项目，小习第三次来到北京，皮箱内装着1个正本和6个副本总共7本投标书。这次标书编制过程中充分解决了投标关键的两个问题，即安全管理和综合服务，这点让小习信心十足。在发标答疑会上招标方清楚地说明安全管理和综合服务是关键，所以公司决定在编制标书和准备答辩过程中有的放矢，重点包围。

对于物业管理服务内容来说，小习非常熟悉了，以安全管理为例，方案的编制相当细化。例如，根据智能探头的设置位置以及摄像头的观察视角角度，结合安全人员岗位配置以及巡逻时间间隔等因素综合考虑安全保障，绝对细致到位，照顾周全。唯一让她心中不安的就是物业服务费预算方案的测算过程，其中重点是物业服务费定价和管理成本构成，她不清楚这个预算是否符合北京市场的情况。目前物业服务费用的收取是根据《物业服务收费管理办法》确定的。根据该项目的物业管理招标书提供的资料，通过项目实地考察和专业测算，公司将该项目物业服务费标准确定为人民币每月8.43元/平方米，项目的收费面积为6万平方米，如果按照100%入住100%交费的理想状况计算，全年合计收入607万元；公司按酬金制方式每年收取管理酬金60万元。上述预算参照公司管理之相近办公楼费用标准及北京市的有关规定、市场价预测，并以第二年度的开支为标准，保修期内的物业服务费标准可根据甲方要求与实际情况进行调整。

7月25日的开标会上，公开了经过资格审查和实地考察后入围投标的6家公司的标的，分别是每月每平方米：5.23元、7.18元、7.80元、8.43元、8.68元、9.50元，其中直接材料费的比例分别是55%、45%、43%、41%、47%、38%。熟悉北京物业管理市场的人都明白，开标结果已经直接说明了有人刻意压低价格，想利用价格战获得项目。

经过激烈的答辩后，小习基本上对自己的表现感到满意。但是3天后，主办方召开答谢会，最后是7.80元的那家公司中标。

小习回到公司将投标过程向领导进行了汇报。领导说，如果按照我们原来的报价，我们每年的毛利润粗略估算在60万元左右。而如果按中标的7.80元价格让公司接管，我们的酬金数值会降低；更关键的是，仅靠7.8元/月·平方米的收费标准有可能达不到我们承诺的服务标准，我们只能向里面贴钱，到那时，就不用再指望酬金能为公司带来利润，能避免亏损就是万幸了。所以，从经济成本方面考虑，这个项目我们不要也罢。

【关键概念】物业管理服务费　物业管理费包干制　物业管理费酬金制　代管基金

复习思考题

一、填空题

1. 物业维修资金管理依(　　)的原则进行管理。

2. 物业服务收费标准应当区分(　　)，分别(　　)和(　　)。

3. 按照我国《价格法》的规定，政府指导价的确定应通过(　　)、(　　)、(　　)和有关方面的意见后最终确定。

4. 市场经济体制下的物业管理，推行的是(　　)(　　)的原则。

5. 实行包干制时，物业服务费用的构成包括：(　　)、(　　)和(　　)的利润。

6.《物业管理条例》规定，建设单位应当在(　　)，制定(　　)、选聘(　　)、签订(　　)合同。

二、单项选择题

1. (　　)，是物业管理服务在一定时期内发生的，用货币形式表现的劳动生活耗费。

A. 成本性资金支出　　B. 公益性资金支出

C. 投资性资金支出　　D. 筹资性资金支出

2. 物业管理企业的(　　)，是指企业在从事物业管理活动中，为物业产权人，使用人提供维修管理和服务所发生的各项直接支出。

A. 营业成本　　B. 直接材料费

C. 人工费　　D. 间接费用

3. 购建固定资产、无形资产所发生的支出属于(　　)。

A. 成本性支出　　B. 资本性支出

C. 收益性支出　　D. 费用性支出

4. 房屋出租收入属于(　　)。

A. 商业用房经营收入　　B. 材料物资销售收入

C. 主营业务收入　　D. 其他业务收入

5. (　　)是指将预算期始终保持一个固定期间、连续进行预算编制的方法。

A. 固定预算　　B. 长期预算
C. 滚动预算　　D. 成本预算

三、多项选择题

1. 从总体上看，物业管理资金来源主要有以下(　　)方面。
A. 物业管理服务费　　B. 物业管理专项基金
C. 经营收入和利润　　D. 政府拨款
2. 物业管理资金的使用主要包括(　　)三个方面。
A. 成本性资金支出与使用　　B. 公益性资金支出与使用
C. 投资性资金支出与使用　　D. 筹资性资金支出与使用
3. 物业管理费使用时必须掌握的原则有(　　)。
A. "以业养业"的原则　　B. 民主管理的原则
C. 一业为主，多种经营原则　　D. 自我运转原则
4. 下列属于物业服务费支出项目的有(　　)。
A. 办公费用
B. 管理服务人员的工资
C. 物业管理区域清洁卫生费用
D. 物业管理区域程序维护费用
5.《收费管理办法》第九条规定：业主与物业管理企业可以采取(　　)等约定物业服务费用。
A. 包干制　　B. 自主制
C. 酬金制　　D. 承包制
6. 主营业务收入包括(　　)三项。
A. 物业管理收入　　B. 物业经营收入
C. 物业大修收入　　D. 其他业务收入
7. 物业管理资金预算编制的原则有(　　)。
A. 目标性原则　　B. 全面性原则
C. 预算单位与周期性原则　　D. 人本原则

四、判断题

1. 在物业管理经费的筹集中，物业服务收费应是物业管理经费长期稳定的主要来源。(　　)
2. 包干制的最大特点是无论管理好坏，经营盈亏均由业主承担。(　　)
3. 前期物业服务合同至业主委员会与物业管理企业签订新的物业服务合同生效时终止。(　　)
4. 代管基金可用于一般的日常维修养护。(　　)
5. 一个物业管理区域内有两个以及两个以上产权人的，应当建立"维修基金"。(　　)

五、简答题

1. 简述物业维修资金在使用中有哪些要求。
2. 简述住宅小区公共性服务费用的构成。
3. 物业管理费的测算可分为几个步骤?
4. 简述物业管理资金预算的编制程序。
5. 简述物业管理资金预算的主要内容。

第五章 DIWUZHANG

居住物业管理

学习目标

□ 了解住宅的类型及特点

□ 理解住宅小区的功能及物业管理目标

□ 掌握住宅小区的物业管理的基本要求及日常物业管理的内容

居住物业，是指居民赖以生存的空间和必要的条件，即住宅以及附属的设备和设施，是以居住为主要功能的物业。随着社会的进步和生产力的发展，人们对居住的需求不断在提高，由最初的对住宅遮风挡雨、饮食睡眠、卫生安全等最基本的生存需求发展到对舒适、美学和个性心理的追求。与此同时，人们对居住环境、配套设施、社区管理与服务水平也都提出了更高的要求。居住物业管理就是通过对住宅的管理与服务，确保其功能的完善与正常发挥，满足消费者不断提高的需求。

第一节 居住物业的构成及特点

一、住宅的类型与特征

（一）按使用类型分类

1. 单元式住宅。单元式住宅也叫梯间式住宅，是以一个楼梯为几户服务的单元组合体。一般为多、高层住宅所采用。其特点是：(1) 每层以楼梯为中心，每层安排户数较少，一般为2～4户，大进深的每层可服务于5～8户，住户由楼梯平台（走道）进入分户，各户自成一体。(2) 户内生活设施完善，既减少了住户之间的相互干扰，又能适应多种气候条件。(3) 建筑面积较小，可以标准化生产，造价经济合理。(4) 仍保留一定的公共使用面积，如楼梯、走道、垃坝道等。

2. 公寓式住宅。公寓式住宅是相当于独院独户的西式别墅住宅而言的。公寓式住宅一般建在大城市，大多数是高层大楼，标准较高，每一层内有若干单独使用的套房，包括卧室、起居室、客厅、浴室、厕所、厨房、阳台等等，还有一部分附设于旅馆酒店之内，供一些经常往来的客商中短期租用。

3. 花园式住宅（别墅）。花园式住宅也叫西式房或小洋楼，即花园别墅。一般都是带有花园草坪和车库的独院式平房或二、三层小楼，建筑密度很低，内部居住功能完备，装修豪华，并富有变化，住宅水电暖一应俱全，户外道路、通讯、购物、绿化也都有较高的标准，一般为高收入者购买。

（二）按建筑结构分类

1. 砖混结构住宅。砖混结构是以小部分钢筋混凝土及大部分砖墙承重的结构。砖混结构住宅中的"砖"，指的是一种统一尺寸的建筑材料。也有其他尺寸的异型粘土砖，如空心砖等。"混"指的是由钢筋、水泥、砂石、水按一定比例配制的钢筋混凝土配件，包括楼板、过梁、楼梯、阳台、挑檐等。这些配件与砖作的承重墙相结合，所以称为砖混结构式住宅。由于抗震的要求，砖混住宅一般在 5～6 层以下。

2. 框架结构住宅。框架结构住宅，是指以钢筋混凝土浇捣成承重梁，再用预制的加气混凝土、膨胀珍珠岩、浮石、蛭石、陶粒等轻质板材隔墙分户装配而成的住宅。适合大规模工业化施工，效率较高，工程质量较好。

3. 钢混结构住宅。这类住宅的结构材料是钢筋混凝土，即钢筋、水泥、粗砂及粗骨料（碎石）、水等的混合体。这种结构的住宅具有搞震性能好、整体性强、抗腐蚀能力强、经久耐用等优点，并且房间的开间、进深相对较大，空间分割较自由。目前，多、高层住宅多采用这种结构。其缺点是工艺比较复杂，建筑造价较高。

4. 跃层式住宅。跃层式住宅是近年来推广的一种新颖住宅建筑形式。这类住宅的特点是，内部空间借鉴了欧美小二楼独院住宅的设计手法，住宅占有上下两层楼面，卧室、起居室、客厅、卫生间、厨房及其他辅助用房可以分层布置，上下层之间的交通不通过公共楼梯而采用户内独用的小楼梯联接。跃层式住宅的优点是每户都有二层或二层合一的采光面，即使朝向不好，也可以通过增大采光面积弥补，通风较好，户内居住面积和辅助面积较大，布局紧凑，功能明确，相互干扰较小。不足之处是安全出口相对狭小。

5. 复式住宅。复式住宅是受跃层式住宅启发而创造设计的一种经济型住宅。这类住宅在建造上仍每户占上下两层，实际是在层高较高的一层楼中增建一个 1.2 米的加层，两层合计的层高要大大低于跃层式住宅（复式为 3.3 米，而一般跃层为 5.6 米），复式住宅的下层供起居用，炊事、进餐、洗浴等，上层供休息睡眠和贮藏用。复式住宅具备省地、省工、省料而实用的特点，但设计和使用上面宽大、进深小、部分户型朝向不佳、通风采光较差，且由于层高过低，隔音、防火等功能较差。

二、住宅小区

(一) 住宅小区的含义

城市居民的居住生活聚居地称为居住区。根据中华人民共和国国家标准《城市居住区规划设计规范》的规定，城市居住区按居住户数或人口规模可以划分为居住区、小区和组团三级。相应划分标准如表 5－1 所示。

表 5－1

项目	居住区	小区	组团
户数（户）	10000～16000	3000～5000	300～1000
人口（人）	30000～50000	10000～15000	1000～3000

一个完整的居住区由若干个小区组成，一个完整的居住小区由若干个居住组团组成。与以往城市中以行业、系统为主建设的职工住区不同，新型住宅小区不再是单一的居住功能，其还兼具服务功能、经济功能和社会功能等各种功能，它是规划布局合理、配套设施齐全、功能多样、环境优美、秩序良好的新型城市组成单元。

将按有关规范要求兴建的市政配套比较完善、公用设施比较齐全、经过统一规划、综合开发建设的成片住宅区称为住宅小区（含居住小区、住宅组团）。

(二) 住宅小区的功能

1. 住宅小区的一般功能。

(1) 生活居住功能。现代住宅小区一般会根据居民不同层次的要求，分别提供不同类型的住宅，高端如别墅，低端如小户型经济适用房等。但无论多么豪华的居所，其功能首先是满足人们的居住生活需要。居住功能是住宅小区最基本的功能。

(2) 服务功能。今天的住宅小区公用配套设施越来越齐全，可为居民提供多项目、多层次的服务，包括文化教育、医疗卫生、商业饮食、文艺体育、交通邮电、综合服务等服务项目，形成了一个全方位、多角度的居民生活服务网络。

(3) 经济功能。住宅小区的经济功能包括交换功能和消费功能两个方面。小区的交换功能包括物业自身的交换，即开展住宅和其他用房的出售或出租服务；小区管理劳务交换，即业主通过物业服务合同的方式将住宅小区的管理权委托给物业管理公司。消费功能是指随着住房制度的改革和住宅商品化的进程，住宅消费在居民消费总量中所占的比重越来越大，居民的市场化管理程度也越来越高。

(4) 社会功能。居民的活动是社会活动的重要基本内容。聚集在住宅小区的各个社会部门和组织，分别从不同的职能角度出发，共同为居民服务，形成一张相互影响、相互制约的社会网络，为传播和营造小区的精神文明，正确引导居民公德意识和行为规范，创建和谐社会发挥着积极作用。

2. 住宅小区的智能化分级功能设置。住宅小区智能化是利用现代 4C（即计算机、通讯与网络、自控、IC 卡）技术，通过有效的传输网络，将多元信息服务与管理、物业管理与安防、住宅智能化系统集成，为住宅小区的服务与管理提供高技术的智能化手段，以期实现快捷高效的超值服务与管理、提供安全舒适家居环境。

住宅小区智能化的水平高低与住宅造价和住户对象有相当大的关联。为便于小区智能化的技术实现与实施应用，应对小区智能化进行技术分档。其等级按投资成本分为高中低三档，即较高标准（成本约为住宅投资额的1%～2%）、普及标准（成本约为6000～8000元/户）、最低标准（成本约为3000～5000元/户）。住宅小区智能化分级功能设置见表5－2住宅小区智能化分级功能设置。

表5－2　　住宅小区智能化分级功能设置

类别	功　能		最低标准	普及标准	较高标准
物业管理及安防	小区管理中心		√	√	√
	小区公共安全防范	闭路电视监控		√	√
		电子巡更系统		√	√
		防灾及应急联动		√	√
		小区停车场管理		√	√
	三表计量（IC卡或远传）		√	√	√
	小区机电设备监控	给排水、变配电集中监控		√	√
		电梯、供暖监控			√
		区域照明自动控制		√	√
	小区电子广告牌			√	√
信息通讯服务与管理	小区信息服务平台			√	√
	小区综合信息管理			√	√
	综合通信网络				√
住宅智能化	家庭保安报警		√	√	√
	防火、防煤气泄露报警		√	√	√
	紧急求助报警		√	√	√
	家庭电器自动化控制	音频	√	√	√
		视频	√	√	√
		数据		√	√
	家庭通信总线接口				√
管网铺设	根据各功能要求统一设计、铺设管网		按二级功能	按一级功能	按一级功能

（三）住宅小区的特点

住宅小区是居住类物业集中区域，有一般物业的共性，但就其整体性及其与传统的居民点比较而言，住宅小区有其自身的一些特点：

1. 住宅形式的多样性。传统住宅的结构形式比较单一，往往是清一色的红墙绿瓦或单一的矩形方块式钢筋混泥土建筑，无论是室内布局还是建筑外形变化都很少。而现在的住宅小区中，不管是室内装修布局，还是外观色彩造型都丰富多样，风格迥异。一个小区往往高层、底层错落有致，组合、变化多样，再饰以假山、绿地、回廊、雕塑、人工湖渠等景致，使一个小区无论是整体还是局部都有鲜明的个性特色。

2. 规划的统一性。小区的规划统一性主要表现在小区内建筑整体布局协调、结构相连、设施设备统一布设，附属生活服务设施如学校、幼儿园、商业网点、健康娱乐场所等配套齐全；基础设施如道路、给排水、煤气、电力、有线电视、电话电缆等构成一个完整的网络，自成体系。这种规划的统一性也使得住宅小区相对封闭独立，便于居民集中居住。

3. 服务功能的多样性。新型小区除了基本的居住功能外，还兼具服务功能，如：文教卫生服务、商业饮食业服务、文体娱乐服务、金融、邮电服务等多种服务功能；社会功能，如社区交际交往、社区文化、社区活动、社区文明建设等；经济功能，体现在住宅小区的节约用地、合理配置资源、保持住宅的价值等方面。

4. 房屋产权的多元性。现在，住宅小区中的住宅，一般绝大部分为分散的个人购买，产权为众多居民个人所拥有，加之建设单位保留产权和少数单位购买的情况，形成了小区房屋产权多元化的格局。小区房屋产权多元化与小区大量共有部分、共同用设施设备统一管理的要求，也是物业管理得以存在发展的重要原因之一。

5. 居住成员的社会性。现代住宅小区，少则几百户，多则几万户，来自不同地区（甚至不同国家）、不同行业，具有不同社会背景、文化层次、宗教信仰、肤色、语言的各色人等聚居一处，小区就是一个小社会。小区内社会经济活动频繁，生活方式多样，家庭规模核心化，血缘关系疏淡，人际关系广泛而松散，代沟明显，资源（公共空间、土地、公用设施设备）共享、（区内公共）事务共管、责任共担等许多现代社会的特点在现代住宅小区都能得到体现。

第二节　居住物业管理的目标与要求

一、居住物业管理的目标

小区物业管理的目标概括起来就是要通过科学的管理手段和专业化的管理技术实现社会效益、经济效益、环境效益的统一。

1. 社会效益。小区首先表现在为居民提供一个安全、舒适、和睦、优美的生活环境。这一环境不仅是指整个社区的治安、交通、绿化、卫生、文化、教育、娱乐等方面，它对于调节人际关系，维护社会安定团结，都有着十分重要的意义。其次，实施小区管理以后，小区复杂繁琐的管理工作和各种投诉的处理，都由物业管理企业负责，政府可以不再为此花费大量的时间和精力，只需制定有关政策规定，对小区管理实行指导、协调和监督。

2. 经济效益。小区管理的经济效益可从多方面得以体现：

(1) 从政府的角度看，未实行小区管理的住宅区，政府不仅补贴大量资金用于小区房屋的维修，还需要在环卫、治安、绿化和其他公共市政设施上投入财力。而实行小区管理的住宅区，政府不仅不投资，还可向物业管理企业收取税收。从这方面看，经济效益是很明显的。

(2) 从开发企业的角度看。实行小区管理不仅有利于房产销售，加速资金的周转，而且有利于开发企业以较高的价格售房，获取更多的销售利润。

(3) 从物业管理企业的角度看。小区管理的经济效益不单体现在开发企业，还体现在物业管理企业本身。小区管理从单纯收取管理费来讲是微利的，但如果善于经营，通过开展各种有偿服务，仍会取得较好的经济效益。

(4) 从业主的角度看。物业管理企业管理好、维护好房屋住宅及附属设备、设施，延长它的使用寿命，就可以保障业主的经济利益。

3. 环境效益。小区内的水、电、煤、阳光、空气、通风以及建筑和人口密度等方面都与居民的身心健康有着密切的关系。小区管理有利于从根本上治理成市住宅区脏、乱、差现象，改善人居环境。因此，搞好环境的绿化、净化，不仅有助于人的身心健康，还将对整个城市建设规模、格局和风貌产生积极影响。

二、居住物业管理的原则

由具有独立法人资格、实行独立核算、自负盈亏的物业管理企业进行城镇居民住宅小区的物业管理，与旧体制下那种政企不分、权责不明的福利型管理是截然不同的。应遵循的主要原则有：

1. 业主自治自律与统一专业化管理相结合。住宅小区物业管理首先应遵循业主自治自律与统一专业化管理相结合的实施原则。业主自治自律是基础，但住宅小区的管理又具有技术性、专业性强的特点，必须以专业化管理为主；住宅区的日常管理工作是大量的、繁琐的，离不开居民的支持。因此，增强居民的群体意识，依靠和组织广大住用人参与管理，发挥业主自治自律的作用，是实行这一原则的关键。

2. 服务至上，寓管理于服务之中。住宅小区的物业管理是一项服务性很强的工作，关系到千家万户的生活、休息、安全、卫生等诸多方面。住宅小区管理中的服务工作，具有长期性和群众性的特点：服务时限很长，往往几十年以上；服务对象范围很宽，男女老幼，各行各业，且流动性大，变化快。因此，物业管理必须坚持："服务至上，寓管理于服务之中"的原则，树立"为业主服务，对业主负责"的指导思想。

3. 所有权与管理权相分离。实行所有权与管理权相分离，是现代物业管理与旧式的房屋管理本质区别之一。这是针对城镇居民住宅小区，特别是旧有居民住宅小区存在的"两权"不清问题提出来的，目的在于解决分散管理与统一管理的矛盾。在依法确认产权权属的前提下，实行管理经营权的集中统一，由一家物业管理企业对某一居民住宅小区实行统一管理、综合治理、全方位服务。

4. 企业自主经营、独立核算。必须改革原有管理体制，实行政企分开，使管理机构成为经济实体，具有相对独立的经营自主权，逐步实现住宅经营管理的市场化。

5. 有偿服务和费用合理分担。物业管理企业要搞好管理，实行优质服务，就必须有资金来源。住宅小区管理采取有偿服务，合理承担费用的原则，以“保本微利，公平合理”的方针，按照“谁享用、谁受益、谁负担”的原则，由享用人、受益人分担住宅小区的管理经费。

三、居住物业管理的要求

（一）居住物业管理要求的主要方面

1. 管理运作人员的基本素质要求。对小区管理单位管理人员，要求整体素质高，遵守职业道德规范，主要负责人和业务骨干要经过房地产管理及物业管理专业培训，有较强的事业心和开拓精神。

提示：

居住物业管理的要求包括管理运作；房屋的维修管理；设备管理；市政公用设施管理；绿化管理；环境、卫生管理；治安保卫管理；社区文化；管理单位经济效益等九个方面。

2. 房屋维修管理的基本要求。（1）房屋外观完好、整洁；（2）小区内组团及栋号有明显标志及引路方向平面图；（3）房屋完好率达98%以上；（4）无违反规定私搭乱建现象；（5）封闭阳台的，要统一有序，阳台（包括平台和外廊）的使用不碍观瞻，装饰房屋的，不危及房屋结构与他人安全；（6）房租、水、电、气等各种费用，实行便民统一代收代缴，收缴率达98%以上；（7）房屋零修及时率达98%以上，零修合格率达100%，并建立回访制度和回访记录；（8）房屋资料档案齐全、管理完善，并建立住户档案，住户所在栋号、门号、房号清晰，随时可查。

3. 设备管理的基本要求。物业管理中设备管理的基本要求做到：（1）小区内所有公共设备图纸、资料档案齐全，管理完善；（2）设备良好，运行正常，无事故隐患，保养、检修制度完善；（3）每日有设备运行记录，运行人员严格遵守操作规程及保养规范；（4）电梯按规定时间运行；（5）居民生活用水，高压水泵、水池、水箱有严密的管理措施；二次供水卫生许可证、水质化验单、操作人员健康合格证俱全；（6）消防系统设备完好无损，可随时启用；（7）锅炉供暖、煤气、燃气运行正常，北方地区冬季供暖，居室内温度不低于16度。

4. 市政公有设施管理的基本要求。（1）小区内所有公共配套服务设施完好，不得随意改变用途；（2）供水、供电、通信、照明设备齐全，工作正常；（3）道路畅通、路面平坦；（4）污水排放通畅；（5）交通车辆运行有序，无乱停乱放机动车、非机动车。

5. 绿化管理的基本要求。（1）小区公共绿地、庭院绿地和道路两侧绿地合理分布，花坛、树木、建筑小品配置得当；（2）新建小区，公共绿地人均1平方米以上；旧区改造的小区，公共绿地人均不低于0.5平方米；（3）绿地管理及养护措施落实，无破坏、践踏及随意占用现象。

6. 环境卫生管理的基本要求。（1）小区内环卫设施完备，设有垃圾箱、果皮箱、垃圾中转站等保洁设备；（2）小区实行标准化清扫保洁，垃圾日产日消；

(3) 小区内不得违反规定饲养家禽、家畜及大型宠物；(4) 房屋的公共楼梯、扶栏、走道、地下室等部保持清洁，不得随意堆放杂物和占用；(5) 居民日常生活所需商业网点管理有序，无乱设摊点、广告牌，乱贴、乱画现象。

7. 治安、保卫管理的基本要求。(1) 小区基本实行封闭式管理；(2) 小区实行二十四小时保安制度；(3) 保安人员佩有明显标志和防卫工具；(4) 危及住户安全处设有明显标志和防范措施；(5) 小区内无重大火灾、刑事犯罪和交通事故。

8. 社区文化建设基本要求。(1) 小区订有居民精神文明建设公约，居民能自觉遵守住宅小区的各项管理规定；(2) 小区居民邻里团结互助，文明居住，关心孤寡老人、残疾人；(3) 小区内有娱乐场和设施，管理单位定期开展健康有益的社会文化活动；(4) 管理单位积极配合街道、居委会、派出所开展各项工作；(5) 小区居民支持和配合管理工作，对管理单位的评议满意度达到95%以上。

9. 管理单位经济效益要求。(1) 为居民开展多项有偿便民服务；(2) 一业为主多种经营；(3) 建立财务管理公开、监督制度；(4) 有较强的发展后劲和以业养业的发展计划及经济指标。

(二) 物业服务与管理的等级评价要求

2004年1月，根据国家发展与改革委员会会同建设部印发的《物业服务收费管理办法》，中国物业管理协会制定了《普通住宅小区物业管理服务等级标准》(试行)，作为与开发建设单位或业主大会签订物业服务合同、确定物业服务等级、约定物业服务项目、内容与标准以及测算物业服务价格的参考依据。该《办法》将物业管理服务分为三种级别。

1. 一级物业管理服务基本要求。

(1) 服务与被服务双方签订规范的物业服务合同，双方权利义务关系明确。

(2) 承接项目时，对住宅小区共用部位、共用设施设备进行认真查验，验收手续齐全。

(3) 管理人员、专业操作人员按照国家有关规定取得物业管理职业资格证书或者岗位证书。

(4) 有完善的物业管理方案，质量管理、财务管理、档案管理等制度健全。

(5) 管理服务人员统一着装、佩戴标志，行为规范，服务主动、热情。

(6) 设有服务接待中心，公示24小时服务电话。急修半小时内、其他报修按双方约定时间到达现场，有完整的报修、维修和回访记录。

(7) 根据业主需求，提供物业服务合同之外的特约服务和代办服务的，公示服务项目与收费价目。

(8) 按有关规定和合同约定公布物业服务费用或者物业服务资金的收支情况。

(9) 按合同约定规范使用住房专项维修资金。每年至少一次征询业主对物业服务的意见，满意率达80%以上。

2. 二级物业管理服务基本要求。

(1) 服务与被服务双方签订规范的物业服务合同，双方权利义务关系明确。

(2) 承接项目时，对住宅小区共用部位、共用设施设备进行认真查验，验收手续齐全。

(3) 管理人员、专业操作人员按照国家有关规定取得物业管理职业资格证书或者岗位证书。

(4) 有完善的物业管理方案，质量管理、财务管理、档案管理等制度健全。

(5) 管理服务人员统一着装、佩戴标志，行为规范，服务主动、热情。

(6) 公示16小时服务电话。急修1小时内、其他报修按双方约定时间到达现场，有报修、维修和回访记录。

(7) 根据业主需求，提供物业服务合同之外的特约服务和代办服务的，公示服务项目与收费价目。

(8) 按有关规定和合同约定公布物业服务费用或者物业服务资金的收支情况。

(9) 按合同约定规范使用住房专项维修资金。每年至少一次征询业主对物业服务的意见，满意率达75%以上（其余各项同一级）。

3. 三级物业管理服务基本要求。

(1) 服务与被服务双方签订规范的物业服务合同，双方权利义务关系明确。

(2) 承接项目时，对住宅小区共用部位、共用设施设备进行认真查验，验收手续齐全。

(3) 管理人员、专业操作人员按照国家有关规定取得物业管理职业资格证书或者岗位证书。

(4) 有完善的物业管理方案，质量管理、财务管理、档案管理等制度健全。

(5) 管理服务人员佩戴标志，行为规范，服务主动、热情。

(6) 公示8小时服务电话。报修按双方约定时间到达现场，有报修、维修记录。

(7) 按有关规定和合同约定公布物业服务费用或者物业服务资金的收支情况。

(8) 按合同约定规范使用住房专项维修资金。每年至少一次征询业主对物业服务的意见，满意率达70%以上（其余各项同一级）。

第三节　居住物业管理的内容

居住物业管理，是指对居住小区的房屋建筑及其设备、市政公用设施、绿化、卫生、交通、治安和环境容貌等管理项目进行维护、修缮与整治的过程。就其管理过程来看，主要包括住宅小区物业管理初期和物业管理中期两个阶段。

一、住宅小区前期物业管理的主要内容

我国有关法律规定，小区的物业管理公司第一年必须由开发商指定。业主管理委员会成立之后，经表决通过，可以对物业管理公司进行更换。前期物业管

理，就是指房屋出售后，业主管理委员会与物业管理公司签订的《物业管理委托合同》生效之前的物业管理。国务院2003年颁布的《物业管理条例》规定，建设单位应当在销售物业之前，制订业主临时公约，但临时公约不得侵害物业买受人的合法权益，并在签订买卖合同之前予以明示并说明，使业主知道在将来的物业管理中自己的权利和义务，而且在买卖合同中应当包含前期物业服务合同约定的内容。

（一）管理机构的设立与人员的培训

机构的设置应根据委托物业的用途、面积、管理深度、管理方式等确定；人员的配备除考虑管理人员的选派外，还要考虑操作层（维修养护、保安、清洁、绿化等人员）的招聘。依据职责分别进行培训。

（二）规章制度的制定

必要的规章制度包括：管理机构的职责范围；各类人员的岗位责任制；物业各区域内管理规定；用户（住户）手册等。

（三）物业的验收与接管

物业的验收是依照国家建设部及省市有关工程验收的技术规范与质量标准对已建成的物业进行检验，它是直接关系到今后物业管理工作能否正常开展的一个重要环节。物业接管是房地产开发企业向接受委托的物业管理公司移交物业的过程，移交应办理书面移交手续。开发企业还应向管理单位移交整套图纸资料，以方便今后的物业管理和维修养护。在物业保修期间，接受委托的物业管理公司还应与房地产开发企业签订保修实施合同，明确保修项目、内容、进度、原则、责任与方式。

（四）进户管理

进户，是指业主、使用人正式进住使用物业，俗称“入伙”。商品房购房业主或承租使用人的进户程序一般为：

1. 发出入住通知书。在物业正式使用条件全部具备后向业主或使用人发出入住书面通知书。

2. 带领业主或使用人实地验收物业，着重勘验：房建质量；设备质量，运转情况；房型、装修、设施配备等是否与合同相符；外部环境状况及影响。

3. 约定代为装修、添置或更换自用设备或设施等事宜即各种代办事宜。业主或使用人入住后，物业管理企业可根据约定代为装修、添置或更换自用设备或设施等事宜及各种代办事宜。

4. 签订《物业使用公约》。业主或使用人入住后要与物业公司签订《物业使用公约》。《物业使用公约》主要内容包括：在分清自用与公用部位、设备、设施的前提下确定双方享有的权利和应尽的义务，物业正常使用的行为规范及相应的违约责任。

5. 要求业主或使用人如实填写登记卡。业主或使用人入住后，物业管理公司应要求业主或使用人如实填写登记卡，登记卡内容包括：业主或使用人的名称、通讯联络方式、所占用物业的编号、设备、设施及泊车位分配等内容。属于非居住性质的物业还需登记营业执照、经营范围、职工人数、出行、用餐等相关情况，便于物业管理与服务。

6. 向业主或使用人发放《用户手册》。物业管理公司要向业主或使用人发放《用户手册》，使他们了解物业概况及各项管理制度，如车辆停放管理，装修搬迁管理，物业保修的责任范围、标准、期限等等方面的规定，以及楼层权力归属、公用设施设备的合理使用等，以便正确把握自己的行为。

7. 预收物业管理费或租金。物业管理公司根据有关规定或双方约定向业主或使用人预收物业管理费或租金。

8. 向业主或使用人提供办事指引。物业管理公司应向业主、使用人全面介绍物业管理区域和社区相关部门的办事指南，使他们能及时办理相关手续。

9. 业主、使用人签约领钥匙，完成进户程序。执行完上述程序后，业主或使用人与物业管理公司签约领钥匙，完成进户程序。

（五）装修搬迁管理

为了搞好装修搬迁管理，必须做好以下几点工作：

1. 宣传装修规定。装修规定主要包括以下几方面：装修不得损坏房屋承重结构，破坏建筑物外墙面貌；不得擅自占用公用部位、移动或损坏公用设施和设备；不得排放有毒、有害物质和噪声超标；不得随地乱扔建筑垃圾；遵守用火用电规定，履行防火职责；因装修而造成他人或公用部位、设备或设施损坏的，责任人负责修复或赔偿。

2. 加强装修监督管理。审核装修设计图纸，派人巡视施工现场，发现违约行为及时劝阻并督促其改正。

3. 积极参与室内装修。作为物业管理公司应积极参与室内装修工程，为业主及使用人提供方便、周到的服务。

4. 合理安排搬迁时间。物业管理公司应在业主集中入住期，合理安排搬迁时间，统筹安排搬迁工作，使每位业主或使用人感到满意。

（六）档案资料的建立

入住后，物业管理公司要及时将业主档案及时归档整理，业主档案资料包括两种：业主或使用人的资料和物业资料。

业主或使用人资料：包括业主使用人姓名、进户人员情况、联系电话或地址、各项费用的缴交情况、房屋的装修等情况。

物业资料：主要包括物业的各种设计和竣工图纸、位置、编号等。

二、物业接管与验收

（一）物业接管与验收的含义

接管验收是物业管理企业为维护业主和自身的利益，在正式接管物业之前代表业主对即将交付使用的物业的建造质量、管理资料等进行的综合性验收。它于业主入住（使用）之前进行，是确保物业的使用质量，奠定管理基础的极为重要的物业管理前期工作。接管验收合格也是物业可以交付使用和交付管理的前提条件之一。在条件具备或物业管理企业前期介入充分、准备充足时，接管验收也可以和建设工程的竣工验收同步进行。

物业的验收是依据国家建设部及省市有关工程验收的技术规范与质量标准对已建成的物业进行检验，它是直接关系到今后物业管理工作能否正常开展的一个重要环节。验收中发现的问题应明确记录在案，及时反馈给房地产开发企业，以便开发企业督促施工单位修整。物业接管是房地产开发企业向接受委托的物业管理公司移交的过程，移交应办理书面移交手续。开发企业应向管理单位移交整套图纸资料，以方便今后的物业管理和维修养护。在物业保修期间，接受委托的物业管理公司还应与房地产开发企业签订保修实施合同，明确保修项目、内容、进度、原则、责任和方式。

（二）接管前的准备工作

房地产开发企业与物业管理公司应在物业项目立项时就建立合作关系。但在一些地区，物业管理机构尚未健全，常常由房地产开发企业自设机构来管理物业。一般来讲，由专业化的物业管理公司参与物业的开发全过程，将更利于物业管理行业的良性发展。目前，对物业管理公司的选聘大多采取议标的方法，少数采用公开招标。无论通过哪一种方式，物业管理公司都要从开发企业或管委会手中接管物业。从理论上讲，早期介入的物业管理企业并不一定就是前期物业的当然管理者，特别是房地产开发企业决定招标选聘时。反之，早期介入的物业管理企业是否愿承接该物业的管理也需经过科学的测算和对该物业经营实效的评估和权衡后方可作出明智的抉择。具体步骤如下：

1. 房地产开发企业与物业管理企业接洽前期物业管理委托事项。物业管理委托事项主要包括管理服务内容、标准、期限；保修责任的委托与实施：诸如遗留扫尾工程、空置房出租或看管等代为办理事项；管理服务费构成及筹集；管理用房、经营用房的提供使用及收益分配；物业及相关资料的验收接管。

2. 预测风险，签订前期物业管理委托合同。在洽谈的过程中，物业管理企业对人力、物力等自身条件和接盘运作、盈亏风险作出测算，据此制订接管方案作为依据与房地产开发企业进一步协商或竞标。如达成一致或中标即可签订前期物业管理委托合同。

3. 验收接管。一旦签约，物业管理企业就要实施验收接管。依照的有关规定主要有 1991 年 2 月 4 日国家建设部制定的《行业标准房屋接管验收标准》和《城市住宅小区竣工综合验收管理办法》。同时还应做好档案资料的移交工作，必不可少的档案资料有：规划图、竣工图、地下管网竣工图；各类房层清单；单体建筑结构、设备竣工图及合格证或保修书；公用设施、设备及公共场地清单；有关业主或承租使用人的相关资料等。

4. 制定制度，建立正常的管理程序。根据前期物业管理合同所赋予的管理职责，物业管理企业应制定一系列管理制度，以建立正常的管理秩序。这些制度主要有停车场管理办法、电梯使用规定、物业的报修与维修规定等。

5. 组建常设机构，招聘培训员工。为了迎接即将到来的业主入住，物业管理企业应着手组成该物业的常设管理机构，配备管理人员。人员不足时要着手进行招聘和上岗培训等准备工作。

6. 加强协作单位之间的沟通，构筑综合服务网络。前者是指物业正式启动运作后，势必要与社区主管部门和市政及公用事业单位取得联系，获得他们的支持与配合。同时，物业管理企业也不是万能企业，有一些业务（尤其是业主的特约服务）还需选定专业服务公司代理。唯此，才能使业主入住后的各种需求得到充分满足。

7. 开盘。物业正式出售又称“开盘”，这也是前期物业管理开始之日。首先可以就营销策略提出自己的见解，促进销售顺利进行。从根本上来讲，促销是房地产开发企业与物业管理企业共同利益所在。如楼盘滞销则开发企业投资得不到完全回报，而空置物业和人气欠旺也会给管理与服务带来困难。物业管理对提高物业附加值的作用日见明显，在具体策划上也有大力宣传该物业的管理水准和合理的收费以吸引更多的消费者前来购买等功效。其次，参与营销（包括预售）是物业管理企业与消费者（即未来的业主）直接见面的最好机会。了解他们对物业管理的具体要求将对今后业务的开展大有裨益。最后，现行法规规定，在开发企业与业主签订物业转让合同时必须附上有关前期物业管理合同及《物业使用公约》、《住户手册》等附件，即“应在买卖合同中对房地产产权人有承诺遵守小区管理办法的约定”（详见国家建设部《城市住宅小区管理办法》）。

（三）前期物业管理与早期介入的区别

1. 早期介入的物业管理企业不一定与开发企业确定管理合同委托关系，而前期物业管理必须有委托关系，管理者已依法拥有该物业管理经营权。

2. 早期介入一般还未确定物业与业主等具体管理对象，而前期物业管理必须有明确的管理对象。

3. 在早期介入工作中，物业管理企业只是起辅助作用，而在前期物业管理中，物业管理企业起主导作用。

三、住宅小区日常物业管理内容

住宅小区物业管理公司接管住宅小区物业管理工作以后，通过建立小区物业管理档案，协助制订小区业主公约，建立住户手册或物业使用手册，与住户建立联系，即进入到日常管理过程。日常管理主要包括管理、经营与服务三方面的工作。

（一）住宅小区房屋建筑的维护与修缮管理

房屋建筑是住宅小区的主体，也是住宅小区管理的核心内容。房屋建筑管理的根本任务就是要在保证房屋正常使用和整洁美观的基础上，力求维护和延长其使用寿命，提高其有效价值。具体来说包括以下三项内容：

1. 房屋建筑的维护。主要是指维护规划设计的严肃性，禁止使用单位或居民随意破坏和改动房屋结构、外墙面和室内平面格局；禁止在门口空地、阳台等处乱搭乱盖；禁止随意凿洞、乱开门窗；禁止随意改动室内各类设施的结构构造；禁止未经允许的室内二次装修等等。

2. 房屋建筑的保养。房屋建筑的保养主要是指为了维护和延长房屋建筑的使用寿命和美化外观，对正常使用下的自然损害进行预防和治理，以做到防患于未然。包括对住宅内外的共用部位、外墙面、楼梯、走道、门厅及其他各类共有设施的定期和不定期的检修和保养；对住户自用部位和自用设备的经常性检查，监督住户有无违章行为等。

3. 房屋建筑物的修缮。房屋建筑物的修缮主要是指为了保证房屋使用安全，保持和提高房屋的完好程度与使用功能，物业管理企业开展定期勘察和检验，对小区内房屋自然或人为的损失进行维修、拆改和翻修。修缮要根据地区和季节特点，与抗震加固、白蚁防治、抗洪检漏、防风防霉等相结合。

（二）住宅小区附属设备的维修与管理

住宅小区附属设备是住宅小区赖以存在和发展的物质基础。它对住宅小区的物业经营和居民生活具有双重服务功能。

附属设备主要包括电气工程设备、给排水设备设施、供暖设备等。这些设施和设备的技术性强，安全要求高，日常维护和管理人员须具有较强的专业知识和操作技能。

提示：

住宅小配套设备设施的完好状况，关系到小区的形象和声誉，也影响到小区的物业价值和经营活动。

1. 电气工程设备管理。房屋电气工程设备由供电设备、弱电设备、电梯设备、防雷设备等组成。

(1) 供电设备：包括铁盒子、电表、总开关、供电线路、户外型负荷开关、户内型负荷开关、照明器具等。

(2) 弱电设备：包括广播设备、简易电话设备、公用电视天线设备、电脑设备、通讯设备、监控设备等。

(3) 电梯设备：一般分轿厢式和自动扶梯式两类。轿箱式电梯通常由传动、升降、安全、控制等设备组成；自动扶梯由驱动、运动和支撑等装置组成。住宅小区电梯基本上都采用轿箱式。

(4) 防雷设备：一般分针式和带式两种。避雷针或避雷带有单支、双支和多支等型，一般由接闪器、引下线、接地极三部分组成。

2. 电器工程设备管理的基本要点。

(1) 供电设备管理的基本要点：主要包括供电设备的安全管理、供电设备的正常运行管理和维修管理。其中供电设备的安全管理占有突出的地位，其管理的好坏直接影响到住宅小区的用电设备和人员的生命安全。

(2) 防雷设备管理的基本要点：主要包括两个方面内容。一是根据国家的防雷标准安装好防雷器具；二是管好防雷器具，保证雷雨季节防雷器具的正常工作。

(3) 弱电设备管理的基本要点：严格遵守系统各项设备运行管理规程，保证各设备处于良好状态，系统设置于自动位置；做好设备运行情况值班日志；根据保养计划做好各项设备的保养；遇故障报警及时处理并记录于运行日志；对外包保养设备做好对承包商的监督工作；各种元器件、参数不得随意修改；严格控制在计算机上使用自带软件。

(4) 电梯设备管理的基本要点：电梯的安全性很大程度上取决于电梯的建造与安装质量。所以加强电梯的安全管主要的就是要把好电梯产品质量和安装质量关，搞好验收与接管。在运行过程中，要做好电梯设备的运行巡视监控管理、电梯运行中出现异常情况的管理、电梯机房的管理和电梯档案管理等等。

3. 给排水设施设备的管理。给排水设施设备的日常操作管理要做到：(1) 严格执行给排水设施设备中水泵的操作程序；(2) 做好设备日常操作的管理职责划分与监督。

给排水设施设备的维修养护管理包括：制订维修养护计划，明确岗位责任；做好水泵、控制柜、电机和相关阀门管道的维修养护；做好水池、水箱的维修养护；做好消防设备的维修养护；做好住户室内给排水管道及附件的维修与养护。

4. 供暖设备的管理。供暖系统由热源、热媒输送管道、散热设备等组成。

(1) 热源设备：制取蒸汽或热水的设备。

(2) 热媒输送管道：把热量从热源输送到用户的管道系统。

(3) 散热设备：把热量传送给室内空气的设备。

供暖系统涉及的设施设备很多，主要包括：锅炉房、室外供热管网、室内供暖系统。

5. 供暖系统的物业管理模式。

(1) 自营管理：是由物业管理公司全面负责供暖系统日常操作运行和维修养护工作。在这种管理模式下，物业公司要做好供暖设备的维护计划，日常运行中要明确管理职责，重点做好锅炉设备的程序规范操作、日常运行记录监控和维修保养工作。

(2) 外包管理：就是由物业管理公司与供热管理公司签订管理合同，由供热管理公司负责供热系统的运行和管理。在此种模式下，物业公司要注意选择有资质、信誉好、技术强、管理严的合作伙伴，以保证供热效果。

(三) 住宅小区的安全管理

主要是指对小区内的治安和消防实施管理，做好防火、防盗、防破坏、防爆炸、防自然灾害，维护小区居民的生命财产安全，维护小区内正常的工作和生活秩序。为此，物业管理机构应当成立专职治安队，落实安防设施，采取群治群防措施。

四、住宅小区公共秩序管理

维护小区内的公共秩序是为了给人们提供一个安全、宁静、舒适的生活环境。比如在小区内不许乱停乱放车辆；不许占用道路或在其他公共场所堆放物品，或摆摊设点；禁止在公共场所喧哗；禁止摊贩随意进入小区叫卖等。

(一) 住宅小区的环境卫生管理

住宅小区的环境卫生管理是指对小区内的道路、绿化带等公共场所的卫生进行清扫，对垃圾及时清运，对垃圾桶及卫生用具定期进行清洗、消毒等。禁止在小区内饲养家禽家畜，加强防疫、灭鼠、灭蚊蝇工作等。物业管理企业要制定小区环境管理明关规章制度，搞好宣传教育活动，禁止乱丢乱倒，采取有效措施，积极控制小区污染，积极候选环卫设施，搞好经常性、群众性环卫工作。

(二) 住宅小区绿化管理

经济的发展和人民生活的提高，使得住宅小区日趋规模化，业主对小区的绿地大小，园林布局和绿化档次的要求也越来越高，绿化管理工作也就占据十分重要的地位。因为小区绿地的开辟、小区树木种植施工，所需时间不长，小区建成之后，随之而来的却是长时期的、经常性的、细致复杂的养护管理工作。因此，人们形容绿化施工与养护管理工作的关系是："三分种，七分养"。

绿化管理工作，主要包含两个含义：一是养护，即根据不同园林树木的生产需要和某些特定的要求，及时对树木采取如灌溉、施肥、修剪、防治病虫害、防寒、除草中耕等园艺技术措施；另一方面则属于看管、巡查、围护等园务性的工作，称之为"管理"。

（三）住宅小区的专项服务与特色服务

主要指物业公司公共服务以外的服务项目。专项服务是指如车位出租、车辆管理、代订报纸杂志、代邮信件包裹、订送牛奶等。特色服务是指应住户个别要求而提供的服务，如打扫室内卫生、代换煤气、代出租房屋、代接送小孩等等。

（四）住宅小区的精神文明建设

住宅小区精神文明建设的内容包括：

1. 开展精神文明建设，制订住宅小区居民精神文明公约。居民要自觉遵守住宅小区的各项规章制度，遵守和维护公共秩序，爱护公共财物，提倡居民邻里互助、文明居住、文明行为、关心孤寡老人和残疾人。

2. 完善、充实娱乐场所和文体活动设施，开展丰富多彩的文体活动，丰富小区居民的业余生活，密切邻里感情，协调人际关系，提高广大居民的参与意识，促进安定团结和社会稳定。

3. 建设高雅的社区文化，培育健康的社区精神。"社区"是地域、社会互助和社会关系的综合体，即一群人居住于某一地理区域、具有共同关系和社会服务体系的一种生活共同体。小区居民长期生活、学习、工作在同一空间，彼此之间相互交往、沟通和影响，造成了特定的社会关系，形成了一个小社会。"社区"精神，是住宅小区居民的精神状态和思想行为的综合反映。而社区文化则是社区精神的载体。住宅小区精神文明建设活动应以灵活多样适合居民特点方式进行。

开展小区文化建设通常可以采取以下活动方式：

(1) 运用传播文化和工具的康乐设施，如影剧院、文化站、有线广播、图书馆、社区报、闭路电视等，开展联络感情活动。

(2) 组织各类体育比赛、舞会和文艺演出晚会，加强住户之间的交往与联系，培养群体活动与公民意识，增强友谊。

(3) 创建文明单位，如文明班组、文明家庭、文明楼、文明住宅小区活动，注重文明居住，邻里团结互助，无纠纷，积极参加各项公益活动。

(4) 开展"优质服务竞赛"活动，讲文明、懂礼貌，文明用语、尊老爱幼，各行各业发挥本专业的特点，更好地为住宅区居民服务。

(5) 开展人际交往，推行"社团"活动。例如在香港，物业管理企业还是一个活跃的准社团组织，经常利用公众节假日，组织内容丰富多彩的文体活动。

小贴士：

物业该为贼“埋单”吗？

某小区的自行车库屡屡被盗，前后七八辆电瓶车惨遭贼手。业主哗然：交了物管费还被贼偷！面对业主的投诉、索赔，物业公司也很委屈：“保安费”又不是“保管费”。

目前，我国还没有出台与小区失窃案件直接相关的法律法规，类似案件在不同的地方、不同的法院会有不同的判决。产生这种现象的原因主要在于：业主与物业管理公司之间建立的法律关系不同，双方之间的权利义务不同。业主在签订物管合同时，应尽量就物业公司的义务尤其是安全义务上作细化性的界定，如保安24小时不间断在岗、巡逻，小区监控设施需随时正常运转等。有了合同约定，发生类似案件时，业主应搜集物管公司在其义务履行过程中存在过错的情形，并以此作为索赔的主要依据。

【阅读案例】

关于物业管理中几种常见争议的处理

近年来，物业管理的法制环境较以往有了显著改善，但是在小区物业管理当中，尤其是封闭式小区，不仅业主，一些职能部门、企事业单位、物业使用人还存在一些认识上的误区，以为物业公司收费就应该承担一切责任，动辄“找物业”，使物业公司的工作十分被动，主要体现在以下几方面：

一、小区内失窃、车辆划伤、人身伤害等责任的划分、损失赔偿等问题

在小区物业管理的安全防范中，物业公司应负什么责任，除了《合同法》、《民法通则》等法律的规定外，最直接的法规依据是2003年9月1日开始施行的《物业管理条例》。该《条例》第三十六条规定，“物业管理企业应当按照物业服务合同的约定，提供相应的服务。物业管理企业未能履行物业服务合同的约定，导致业主人身、财产安全受到损害的，应当依法承担相应的法律责任。”物业管理公司是否应对其管理区域内人身、财产安全负责，应由业主委员会与物业管理公司所签订的《物业服务合同》确定。尽管物业公司对小区的安全负有日常管理的义务，但其所承担的小区安全防范的义务只是协助义务。当前，业主与物业公司的纠纷不少已经开始转移到家庭财产的失窃方面。由于业主家里的财产被盗事件经常发生，于是许多业主甚至于某些职能部门片面理解物业公司就是小区的“第二警力”，一旦自己家庭财产遭遇损失动辄就将物业公司推上被告席，然而这并不代表物业公司必须承担业主失窃的后果。物业管理公司在物业管理过程中，是否存在“疏于管理”的行为，这些行为与小区内发生的危害业主人身和财产安全的行为之间是否存在客观的、必然的因果关系，应由法院根据案件证据来认定。

另外物业服务费用也不是包罗万象的。依据国家发展改革委、建设部颁发的《物业服务收费管理办法》第十一条规定：“物业服务成本或者物业服务支出构成一般包括以下部分：(1) 管理服务人员的工资、社会保险和按规定提取的福利费

等；(2) 物业共用部位、共用设施设备的日常运行、维护费用；(3) 物业管理区域清洁卫生费用；(4) 物业管理区绿化养护费用；(5) 物业管理区域秩序维护费用；(6) 办公费用；(7) 物业管理企业固定资产折旧；(8) 物业共用部位、共用设施设备及公众责任保险费用；(9) 经业主同意的其他费用。”对于物业服务费用具体包含哪几部分，应由房地产开发商或业主委员会与物业公司在签订（前期）物业管理委托合同时对费用构成加以界定。若《物业管理合同》内有明确规定物业管理部门加收保安费用的，其就应该承担相应的法律责任，但这种责任必须限制在一定范围内，即应看其有没有过错。如果物业部门在事发时存在脱岗等未履行应尽义务的行为，这就应按其过错责任的大小，承担赔偿责任。如果业主人身、财产安全遭受侵害时，物业管理部门履行了应尽的职责，但出现了防不胜防的情况，物业管理不应承担责任，而且这方面的举证责任应由物业管理公司承担。

二、管道跑冒滴漏的维修、供电管线等共用部位和共用设施的维修等问题

1. 保修期内：对于供暖管线、屋面防水等在其保修期限内存在质量原因的，应由房地产开发商协调施工方尽保修义务予以处理。

2. 保修期过后：应按其分工规定各自承担相应的维修养护工作。根据《青岛市物业管理企业与政府专业单位管理服务职责分工的规定》第八条规定：“供热设施管理。实施城市集中供热的设备、设施及供热管线，均由供热单位或由其委托的其他专业单位维护、管理。”《物业管理条例》第五十二条规定：“供水、供电、供气、供热、通讯、有线电视等单位，应当依法承担物业管理区域内相关管线和设施设备维修、养护的责任”。对于暖气等相关问题若物业接受委托，应在其委托范围内承担相应的责任；未接受委托的，应由相关职能部门对其负责。

三、物业公司协调邻里间关系问题

业主与业主之间因相邻关系而引发的纠纷正呈逐步增多的趋势，其现象不外乎业主违章搭建或擅自改变房屋结构和使用功能以及侵占公共区域等方面。以前，有的业主碍于邻居的情面一般不愿直接与邻居对簿公堂，而是选择由物业公司出面处理，如物业公司协调结果未能达到业户满意，则大多以拒付物业服务费相要挟，忘却了物业公司作为服务行业有其职责权限限定，超越其限定，物业公司也无能为力，业主的这种做法无形中使物业公司做了替罪羊。

四、共用部位、共用设施维修、费用分摊问题

根据《青岛市物业管理企业与政府专业单位管理服务职责分工的规定》，房屋的共用设施、共用部位的维修由相关业主按照规定第五条进行分摊：“(1) 房屋主体结构中的基础、柱、梁、墙的维修，由各业主按照房屋所占建筑面积比例分担。(2) 共用墙体的维修（包括因结构需要而涉及的相邻部位的维修），按照各业主房屋所占建筑面积比例分担。(3) 楼板结构部位的维修，其毗连层上下房屋的业主按照房屋所占建筑面积比例分担。(4) 不能上人屋顶的维修，由维修所及范围覆盖下各层房屋的业主按照房屋所占建筑面积比例分担。(5) 可上人屋顶的维修（包括屋面和周边护栏等），如为各层共有，由维修所及范围覆盖下各层房屋的业主按照房屋所占建筑面积比例分担；如仅为部分层使用，则使用层房屋

的业主分担50%，其余的50%由维修所及范围覆盖下各层房屋的业主按照房屋所占建筑面积比例分担。(6) 共用户外墙面、走廊通道、门厅、楼梯及楼梯间(包括出屋面) 的维修，由各层业主按照房屋所占建筑面积比例分担。(7) 共用厨房、厕所的维修，由各业主按户分担。(8) 房屋共用设施的维修，由各业主按照房屋所占建筑面积比例分担"。其办理程序依据规定第七条："(1) 业主向业主委员会提出房屋维修申请，由业主委员会负责核实是否属房屋维修范围。(2) 经核实属房屋维修范围的，由业主委员会提出分担房屋维修费用的意见，拟定房屋维修计划、预算明细以及房屋维修费用分担的相关业主名单后，向全体业主公示。(3) 公示后5日内，业主无异议或异议不成立的，由业主委员会按规定收取房屋维修费用。(4) 由业主委员会委托物业管理单位或维修单位实施维修，或者组织业主实施房屋维修。(5) 实施房屋维修后，实际支出的房屋维修费用由业主委员会向全体业主公布，多退少补"。第十一条"装修、维修房屋的自用部位和自用设施或他人人为原因造成房屋共用部位和公用设施损坏的，由责任人负责修复或赔偿"。

由此可知物业公司对其只能从专业化角度予以积极提示或敬告，而费用未能落实导致某些共用设施不能正常使用的，并不在物业公司正常的服务范围内。

【关键概念】住宅小区、前期物业管理

复习思考题

一、填空题

1. 小区首先表现在为居民提供一个(　　)、(　　)、(　　)、(　　)的生活环境。

2. (　　)，是指居民赖以(　　)的空间和必要的条件，即住宅以及附属的(　　)和(　　)，是以(　　)为主要功能的物业。

3. 居住物业管理的要求包括(　　)、(　　)、(　　)、(　　)、(　　)、(　　)、(　　)、(　　)，管理单位经济效益等九个方面。

4. (　　)，是指对居住小区的房屋建筑及其设备、(　　)、绿化、卫生、交通、(　　)管理项目进行维护、修缮与(　　)的过程。

5. (　　)，就是指房屋出售后，业主管理委员会与物业管理公司签订的《物业管理委托合同》(　　)的物业管理。

6. 档案资料的建立主要应抓(　　)、(　　)、(　　)、(　　)四个环节。

7. (　　)是物业管理企业为维护业主和自身的利益，在正式接管之前代表业主对即将交付使用物业的(　　)、(　　)等进行的综合性验收。

二、单项选择题

1. (　　)是以一个楼梯为几户服务的单元组合体。

A. 单元式住宅　　　　B. 公寓式住宅

C. 花园式住宅　　D. 别墅式住宅

2. 住宅小区的经济功能包括交换功能和(　　)两个方面。

A. 服务功能　　B. 消费功能

C. 社会功能　　D. 智能化功能

3. 我国有关法律规定，小区的物业管理公司第一年必须由(　　)指定。

A. 物业公司　　B. 业主

C. 开发商　　D. 业主委员会

4. (　　)是住宅小区的主体，也是住宅小区管理的核心。

A. 绿地　　B. 花园

C. 公用设施　　D. 房屋建筑

5. 住宅小区附属设备主要包括(　　)等。

A. 电气工程设备　　B. 给排水设备设施

C. 供暖设备　　D. ABC

三、多项选择题

1. 住宅按使用类型分(　　)。

A. 单元式住宅　　B. 公寓式住宅

C. 花园式住宅　　D. 别墅式住宅

2. 住宅按建筑结构分类为(　　)。

A. 砖混结构住宅　　B. 框架结构住宅

C. 钢混结构住宅　　D. 跃层式住宅

E. 复式住宅

3. 根据中华人民共和国国家标准《城市居住区规划设计规范》的规定，城市居住区按居住户数或人口规模可以为(　　)三级。

A. 居住区　　B. 小区

C. 组团　　D. 花园区

4. 住宅小区的一般功能有 (　　)。

A. 生活居住功能　　B. 服务功能

C. 经济功能　　D. 社会功能

5. 住宅小区有其自身的特点，即(　　)。

A. 住宅形式的多样性　　B. 规划的统一性

C. 服务功能的多样性　　D. 房屋产权的多元性

E. 居住成员的社会性

6. 住宅小区物业管理的目标是(　　)。

A. 社会效益　　B. 经济效益

C. 环境效益　　D. 服务效益

7. 居住物业管理应遵循的主要原则有(　　)。

A. 业主自治自律与统一专业化管理相结合

B. 服务至上，寓管理于服务之中

C. 所有权与管理权相分离

D. 企业经营、独立核算

E. 有偿服务和费用合同分担

四、判断题

1. 一个完整的居住区由若干个组团组成，一个完整组团由若干个居住小区组成。 (　　)

2. 实行所有权与管理权相分离，是现代物业管理与旧式的房屋管理本质区别之一。 (　　)

3. 房地产开发企业与物业管理公司应在物业项目时就建立合作关系。 (　　)

4. 物业正式出售又称“开盘”，这也是前期物业管理开始之日，物业管理企业可以和开发商一起参与楼盘营销。 (　　)

5. 住宅小区日常管理方面，主要包括管理、经营与消费三个方面的工作。 (　　)

五、简答题

1. 简述小区管理的经济效益可从哪些方面体现。

2. 简述一级物业管理服务基本要求。

3. 住宅小区前期物业管理的主要内容有哪些？

4. 简述前期物业管理与早期介入的区别。

第六章 DILIUZHANG

商务物业管理

学习目标

□ 了解写字楼、商业场所、会所等物业的主要类型、特点。

□ 掌握写字楼、商业场所、会所物业管理的特点和主要内容。

□ 知道由于不同的商务物业各自的管理重点不同，具体实施物业管理过程中也是不同的。所以，必须针对不同的经营性物业，提供不同的管理服务项目，制定出不同的管理服务制度。

第一节 写字楼物业管理

写字楼原指用于办公的建筑物，一般由办公用房、辅助用房和交通系统三部分组成。现代写字楼则是指具有比较现代化设备的楼宇，如有电脑控制的楼宇自动化系统、中央空调系统、通风设备、保安监控设备、自动给水滤水设备、消防自动报警设备、应急自备电力设备以及自动控制的高档电梯与升降机，而且环境优越、通讯快捷、交通方便，有宽阔的停车场或地下车库相匹配。这种现代写字楼主要用于公司或企业从事各种业务活动。

一、写字楼的类型与特点

（一）写字楼的类型

1. 按使用功能分类。按使用功能可将写字楼划分为三种：

（1）单纯型写字楼。指写字楼基本上只有办公一种功能，没有其他功能（如展示厅、餐饮等）。

（2）商住型写字楼。指既提供办公又提供住宿。这又有两种形式，一种是办公室内有套间可以住宿，另一种是楼的一部分是办公，另一部分是住宿。

（3）综合型写字楼。指以办公为主，同时又有其他多种功能，如公寓、餐饮、商场、展示厅等多种功能，但用做办公部分的面积最多。

2. 按建筑面积的大小分类。按建筑面积的大小可将写字楼分为小型、中型及大型写字楼。

（1）建筑面积在1万平方米以下的，称为小型写字楼。

（2）建筑面积在1万~3万平方米的，称为中型写字楼。

（3）建筑面积在3万平方米以上的，称为大型写字楼。

小贴士：

国外对写字楼划分的方法

国外通常按写字楼所处的位置、自然环境、质量状况和收益能力进行分类，将写字楼分为甲、乙、丙三个档次。

（1）甲级写字楼。具有优越的地理位置和交通环境，建筑物的物理状况优良，建筑质量达到或超过有关建筑条例或规范的要求；其收益能力能与新建成的写字楼媲美。甲级写字楼通常有完善的物业管理服务，包括24小时的维护及保安服务。

（2）乙级写字楼。具有良好的地理位置，建筑物的物理状况良好，建筑质量达到有关建筑条件或规范的要求；但建筑物的功能不是最先进的（有功能陈旧因素影响），有自然磨损存在，收益能力低于新落成的同类建筑物。

（3）丙级写字楼。物业已使用的年限较长，建筑物在某些方面不能满足新的建筑条例或规范的要求；建筑物存在较明显的物理磨损或功能陈旧，但仍能满足低收入承租人的需求并与其租金支付能力相适应；相对于乙级写字楼，虽然租金较低，但仍然保持一个合理的出租率。

3. 按现代化程度分类。按现代化程度可分为智能型写字楼与非智能型写字楼两种类型。

（1）智能型写字楼。是指具有高度自动化功能的写字楼。

（2）非智能型写字楼。是指不具备现代功能的写字楼。

智能型是写字楼发展的方向，20世纪90年代后期建造的大型高层写字楼多为智能型写字楼。

对写字楼物业进行档次划分并对影响写字楼档次级别的因素进行分析，是写字楼物业管理的基本特点之一。这种划分在很大程序上依赖于专业人员的主观判断。人们很容易区别甲级写字楼和丙级写字楼，但如果要区别甲级和乙级写字楼就比较困难。在实践中，常从承租人在寻租或续租写字楼时考虑的因素出发，通过判别写字楼的吸引力来对其进行档次划分。一般要考虑12个因素，即写字楼物业所处的位置、交通方便性、声望或形象、建筑形式、大堂、电梯、走廊、写字楼室内空间布置、为承租人提供的服务、建筑设备系统、物业管理水平和承租人类型。

（二）写字楼的特点

现代写字楼同过去传统意义上的办公楼已是两个完全不同的概念。现代写字楼有如下四个特点：

1. 所处位置好、规模大。写字楼多建于城市中心的繁华地段。由于大城市交通方便、经贸活动频繁、信息集中通畅，所以，各类机构均倾向于在大都市的中心地带建造或租用写字楼，以便集中办公、处理公务和经营等事项。以金融、贸易、信息为中心的大城市繁华地段，写字楼更为集中。

2. 多为现代化的高层建筑。现代写字楼大多为高层建筑，有良好的建筑和现代化的设备，不仅外部有自己独特的格局、色彩和装饰等建筑风格，而且内部一般都配有先进的设备，如中央空调、高速电梯、高灵敏的系统化通讯等等，能为客户提供一个舒适的工作环境。

3. 功能齐全，设施配套，有独特方便的工作、生活系统。现代写字楼有服务前台 、大小会议室、小型酒吧、车库等，综合型的写字楼还有餐厅、商场、商务中心、银行、邮电等配套服务场所设施。因此，能为客户的工作和生活提供很多方便，满足他们高效办公的需要。

4. 使用时间集中，人员流动性大。一般来说，写字楼物业使用时间比较集中，多数都是在早上 8 点以后、下午 6 点以前。上班时间，整个物业人来人往，川流不息，下班后人去楼空。这一特性决定了写字楼物业管理也必须有相应的特殊安排。

5. 经营管理的要求高、时效性强。由于现代写字楼本身规模大、功能多、设备复杂先进，加之进驻的多为大型客户，各方面的管理要求都较高。另外，由于写字楼具有收益性物业的特性，高的出租（售）率是其获得良好稳定收益的保证。经营管理不当，就不能赢得客户，甚至会失去已有的客户，而当期空置即意味着当期损失，所以其经营管理的时效性极强。

二、写字楼物业的管理内容

写字楼物业的特性和使用要求，决定了写字楼日常管理的工作内容与工作重点主要在以下几个方面：

（一）写字楼营销

由于写字楼物业（商业物业）收益性的特性，决定了营销推广是其一项经常性的管理工作内容。写字楼除了少部分自用外，大部分都用于出售和出租（主要是出租）。写字楼的整体形象设计塑造、宣传推介，办公空间的分割布局与提升改造，市场分析调研，与买租客户的联络、谈判、签约，客户投诉与要求的受理与处理，客户与经营管理者、客户与客户间关系的协调，以及组织客户参加各种联谊活动等均属于写字楼的营销推广工作范畴。

1. 写字楼营销推广的一般过程。

(1) 寻找客户订做式生产（项目导入期）。此阶段为项目初期阶段，一般项目地块已经取得土地使用权或即将取得土地使用权，此阶段的任务是找到合适的公关人员积极寻找对地块所属区域有办公需求的企事业单位进行订做式生产。该阶段一般持续到破土动工。

(2) 寻找大型客户进行整售（项目导入期）。此阶段项目处于施工初步阶段，鉴于写字楼买家倾向于购买（准）现楼的特点，此时写字楼的全面入市时机尚未成熟，但在该阶段的工程改动余地较大，仍然可以满足客户的个性化需求。所以在此阶段应主动招商确定客户名单，多通过小组公关形式寻找大型客户进行整售谈判，并在友好协商的情况下满足大客户在工程结构、企业冠名等合理且可行的需求，促进成交，从而降低开发商的资金压力和规避市场风险。

(3) 全面销售阶段（开盘期、强销期）。在此期间，项目主体结构封顶，项目以准现房姿态推向市场。开盘期，此阶段以导入期为基础增加了硬性广告，且广告发布频率也有所增加。这是广告发布的第一个高峰，同时也标志着强销期的开始。强销期，可综合运用大众媒体进一步提升产品形象，各项销售工具全部到位，针对主要卖点做纯销售式广告，促成更高的成交额，减轻收尾工作的压力。

(4) 散售为主，租赁为辅，消化尾房（持续期、收尾期）。在此阶段，项目内外装修基本完成，进入现房入住阶段。一般此阶段以散售为主，租赁为辅。持续期主要广告策略为，利用报纸做已成交客户证言式广告，以维持消费者的记忆度，增加买家和潜在消费者的信心。收尾期主要采取脉冲式发布策略，减少发布频率，但维持较长的发布时间，大众性媒体广告发布较少，专业性媒体较多。

上述四个阶段，一般第一、二两个阶段很难达到预期效果，所以第三阶段才是销售的重头戏。

2. 写字楼的一般销售方式。

(1) 现场接待（坐盘销售）。现场接待是房地产销售工作中最为重要的方式，产品的最终成效多为通过与客户在现场接待中心的谈判完成。这种方式的特点是客户购买特征比较明显，目的基本明确；同时，客户已通过对现场的观察产生了一定程度的兴趣，此时辅以销售人员的努力游说较容易达到促成交易的目的。坐盘销售需要在广告宣传上予以较大的支持，以吸引客户注意，促使其拨打热线咨询电话或前来现场咨询。

(2) 直销。直销也称专员直销，聘请有“关系”人士针对写字楼需求的企事业单位进行攻关，往往会起到事半功倍的效果。

(3) 电话直销。电话直销是根据项目定位，从商业电话簿或名片上找到客户电话，用电话方式咨询其是否有需求，但这种方法命中率较低。

(4) 扫展会：扫展会是指根据写字楼的定位在恰当的展会派发项目资料，有利于项目销售。

(5) 扫楼。扫楼是指进入大厦派发项目资料及名片给客户。增加项目知名度，累计项目潜在客户。此种方法一般比较耗费人力，需要长期的积累，一般为中介部门采用。

(6) 小组公关模式。小组公关模式是由销售代表→销售主管→销售经理→公关经理→总经理等所构成的流水作业过程，并穿插工程、财务等部门的配合，侧重于集体作业，适合整售策略。

（二）商务中心的服务与管理

大型写字楼办公机构集中，商务繁忙，一般会设有提供各种商务服务项目的商务中心（与大型酒店、宾馆类似）。

1. 商务中心的设备配置。商务中心须配备的主要设备及用品有中英文处理机、打印机、传真机、电传机、打字机、电脑、装订机、塑封机、口述录音机、电视、电话、影视设备、投影仪及屏幕、摄像机以及其他的办公用品等。商务中心设备的配备可根据服务项目的增设而添置。

2. 商务中心的工作要求和工作程序。商务中心的服务是小区域、多项目的直接服务。客人对商务中心服务质量的评价是以服务的周到与快捷为出发点的。要做到服务周到、快捷，必须依靠经验丰富的工作人员和一套健全的工作程序。

(1) 工作要求。对商务中心工作人员要求有：流利的外语听说读写能力；熟练的中英文打字能力；熟练操作各种设备的能力；熟悉商务信息知识；熟悉秘书工作知识；具备基本的设备清洁保养知识。

(2) 工作程序。商务中心的工作程序一般是：服务前：了解客户所需服务项目、服务时间及服务要求；向客户讲明收费情况，开据收费通知单并收一定比例的押金。服务中：以准确、快捷为原则，按客人服务要求准时、精确地完成服务。服务后：完成客人所需服务后，填写《商务中心费用收据单》，引导或陪同客人到财务部结账。《商务中心费用收据单》一式三份，一联交给财务部，一联交给客人，一联交商务中心存档。

商务中心的主要对象是客人，有时写字楼内部人员也因工作需要在商务中心使用设备，为此要制订商务中心签单程序。写字楼内部人员到商务中心使用设备，必须是因工作需要；使用前，必须由该员工所在部门经理的同意。须在《商务中心设备使用申请单》上填清原因、内容、使用时间及批准人后，在不影响为客人提供服务的前提下使用。使用后须在《费用结算单》上签名。

3. 商务中心的服务项目。写字楼客户业务类型不同，自身办公条件不同，对商务中心的服务范围要求不同。较齐全的商务中心提供的服务项目包括：翻译服务，包括文件、传真、说明书、合同等；秘书服务，包括各类文件处理、归档；办公系统自动化服务；整套办公设备和人员配备；临时办公室租用；长话、传真、电信服务；商务会谈、会议安排；商务咨询、商务信息查询；客户外出期间保管、代转传真、信件等；邮件、邮包、快递等邮政服务；电脑、电视、录像、摄像、幻灯、手机租赁等；报刊、杂志订阅；客户电信设备代办、代装；文件、名片等的印制；成批发放商业信函；报刊剪报；秘书培训服务等。

(三) 前台服务

小型写字楼的前台仅提供基本的问讯解答、引导服务，大型写字楼的前台服务项目较多，主要包括：问讯和留言服务，钥匙分发；信件报刊收发、分拣、递送；个人行李搬运、寄存；出租汽车预约；提供旅游活动安排；航空机票订购、确认；全国及世界各地酒店预定；餐饮、文化体育节目票务安排；文娱活动安排及组织；外币兑换、代售磁卡、代售餐券；花卉代购、递送；洗衣、送衣；代购清洁物品；其他各种委托代办服务。有的写字楼的报修点也设在前台，方便客户报修。

(四) 客房服务

客房服务主要包括：问讯和留言；信件报刊收发、分拣、递送；个人行李搬运寄送；出租汽车预约；提供旅游活动安排；航空机票订购、确认；全国及世界各地酒店预订；代订餐饮、文化体育节目票务；文娱活动安排及组织；外币兑换；花卉代购、递送；洗衣、送衣；代购清洁物品。

（五）设施设备管理

写字楼的设施设备管理主要应做好以下各项工作：

1. 设备管理。建立设备档案，做好写字楼各项设备验收文件资料的存档，建立设备登记卡；完善工程部架构；建立各部门、各工种的岗位责任制；抓好物料采购、供应和消耗的环节的计划与控制，开源节流；制定设备的保养和维修制度；建立监管制度，监督检查专项维修保养责任公司和个人的工作。

2. 维修与保养。

(1) 报修与维修程序。包括两类报修：自检报修、客户报修；

(2) 设备的保养。一般可建立三级保养制度：日常保养（又称作例行保养）；一级保养；二级保养。

(3) 设备的维修。对于设备的维修控制，关键是抓好维修计划的制定和维修制度的完善。编制维修计划时应注意：是否按设备分类编制计划；维修周期是否科学（周期是指两次大修之间的工作时间）；维修方法是否恰当。

一般的维修方法有：强制维修法，即不管设备技术状况如何，均按计划定期维修；定期检修法，即根据设备技术性能和要求，制订维修周期，定期检修；诊断维修法，即根据使用部门的报告和提供的技术资料，对设备进行检查诊断，确定要维修的项目或部件，然后进行维修；全面维修，即当设备出现严重磨损、损坏或故障时，对主体和部件全面修理（大修）。

(4) 设备的更新改造。这里的关键是要把握好更新改造的时机，制订切实可行的更新改造方案。

（六）保安与消防管理

1. 保安管理。

(1) 贯彻保安管理的基本原则是：宾客至上，服务第一；预防为主；谁主管，谁负责；群防群治，内紧外松。

(2) 建立保安部的组织机构。

(3) 制定严密的保安规章制度，明确本部门各类人员的岗位职责。

(4) 加强治安防范。主要是加强保安措施，配备专门保安人员和保安设备（报警装置、门户密码开启装置、闭路电视监控器等），加强写字楼内部及外围保安巡逻，加强对停车场的保安及交通指挥。防止人为破坏治安秩序，杜绝各类可能发生的事故。

2. 消防工作。

(1) 消防工作的指导思想是：以防为主，宣传先行，防消结合。

(2) 一般写字楼的消防系统主要有：干式消防系统：自动报警系统，联动总控制屏，BTM 气体灭火系统。湿式消防系统：自动喷淋系统，消防栓系统（消防泵）。消防联动机构：消防送风和排烟风机的功能和联动试验；空气系统鲜风机和排气机的功能和联动试验；消防电梯的功能试验。火灾报警系统：自动报警系统（包括感温式火灾报警、感烟式火灾报警、感光式火灾报警），手动报警系统（包括电铃报警、破碎玻璃报警、紧急电话报警）。

(3) 消防工作的展开包括：进行消防宣传。建立三级防火组织，并确立相应的防火责任人：包括管理公司总经理、部门经理、班组长。把防火责任分解到各业主、租户单元。由各业主、租户担负所属物业范围的防火责任。明确防火责任人的职责。定期组织及安排消防检查，根据查出的火险隐患发出消防整改通知书，限期整改。制定防火工作措施，从制度上预防火灾事故的发生。配备必需、完好的消防设备设施。发动大家，及时消除火灾苗头和隐患。建立自防、自救组织。

提示：

除了提及的七项管理与服务工作，协调好写字楼与客户和社会各界的关系也是搞好写字楼管理的一项重要内容。

（七）清洁卫生管理

清洁是写字楼管理水平的重要标志，也是对建筑和设备维护保养的需要。日常清洁工作的重点体现在：

1. 制订完善的清洁细则，规定明确需要清洁的地方、材料、所需次数、检查方法等，并严格执行。

2. 制订部门各岗位的责任制。

3. 建立卫生清洁的检查制度。定期巡检法（随见随报，定点检查，划簿登记）；每日抽查；会巡制度；食用水质及排污处理检查。

4. 保持楼内公共场所的清洁。如大堂、洗手间、公用走道等。

5. 提供全面的清洁卫生美化服务。

三、写字楼的租赁管理

写字楼由于其档次高，设施设备复杂，管理要求高，一般都委托专业物业管理企业管理。同时由于大多数写字楼是以出租为主，出租率或占有率的高低是该物业的生命线，而出租率的高低与物业管理的好坏休戚相关，因此很多写字楼业主委托物业管理企业代理出租。对物业管理企业来说，为业主获取最大利润是其全部工作的主要目标。

写字楼的租赁管理一般从市场调研入手，在对市场客观环境、同档次同类型写字楼的市场需求状况及竞争对手分析的基础上，进行市场定位；进而确定和寻找潜在的承租人；制订租金方案；最后进行租约谈判与签约。

（一）写字楼承租人的选择

选择承租人时，考虑的主要准则是潜在承租人所营业务的类型及其声誉、财务稳定性和长期赢利的能力、所需面积大小及其需要提供的特殊物业管理服务的内容。

1. 承租人的商业信誉和财务状况。物业管理企业必须认真分析每个承租人的信誉对其租住的写字楼物业的影响。潜在承租人的经营内容应该与写字楼中已有承租人所经营的内容相协调，其信誉应能加强大厦的整体形象。物业管理企业还应当分析潜在承租人在从事商业经营过程中的财务稳定性，因为这关系到潜在承租人在租赁期限内能否按期支付租金。可以从税务机构、工商管理机构、往来银行、经纪人及承租人提供的财务报表来判断其信誉的财务状况。

2. 所需面积的大小。在选择承租人过程中最复杂的工作之一就是确定写字楼建筑内是否有足够的有效使用空间来满足某一特定承租人的特定需求，满足寻租者对面积空间的特定需要，这往往决定了潜在的承租人能否成为现实的承租人。在考察是否有合适的面积空间可以供寻租者使用时常常要考虑以下三个方面的因素：

(1) 面积的组合。即建筑物内，能否组合出一个独立的出租单元，以满足某一特定寻租者的需要。

(2) 寻租者经营业务的性质。一些机构需要许多分隔的办公室，而且常常希望这些办公室都能沿建筑物的外墙布置，以便能够获得充裕的自然光和开阔的视野。但也有些公司可能不希望有太多的房间靠近外墙。

(3) 寻租者将来扩展办公室面积的计划。如果一个公司在将来期望有较大规模的扩展，必须考虑在建筑物内是否或如何满足这一需要，尤其是当寻租者希望其办公室集中布置时更是如此。

一般来说，为每个办公室工作人员提供15~20平方米的单元内建筑面积比较合适，虽然每个办公室工作人员封闭的办公面积一般只需要5~6平方米，但接待室、会议室、交通面积、储藏面积、办公设备所占的面积以及公共活动所需的面积等应给予足够的考虑。此外，如果出租单元的平面设计中私人办公室数量较多，则人均办公面积的指标可适当提高一些。

3. 需要提供的物业管理服务。有些寻租者为顺利地开展其业务，需要提供某些特殊服务，这可能与物业管理企业已提供的标准服务有较大差异。

如果物业管理企业没有适当地考虑这些问题，在将来的物业管理过程中就可能会出现许多矛盾。在接受或拒绝潜在承租人的特殊要求之前，物业管理企业及业主应该考虑整个租赁期限内的实际费用支出以及费用一效率比率，以便在日后签订租约时确定由谁来承担特殊服务的费用。例如，某公司要安装一个计算机工作站，由于工作站需要消耗大量的电力，或许会超过写字楼建筑内供电线路的负荷；有些承租人需要附加独立的冷却系统；也有些承租人由于要安装自重较大的设备，对建筑物的承载力提出了更高的要求等。满足这些要求可能要投入大量的资金，建筑设备系统的改造也有可能会带来一些麻烦。然而，物业管理企业或业主也要考虑可能由此带来的有利因素，如初次安装这些设备可能会给未来安装其他设备带来方便，寻租者如很清楚建筑及其附属设备改造或设备安装的工作量和费用，因此很可能会寻求一个长期的租约，以避免这种重复性的投资。

（二）写字楼租金的确定

确定写字楼租金时，一般要认真考虑以下三个方面的因素：

1. 计算可出租或可使用面积。准确地测量面积非常重要，它关系到能否确保物业的租金收入和物业市场价值的最大化。

在测量写字楼面积时有三个概念非常重要，即建筑面积、可出租面积和出租单元内建筑面积。根据建设部的有关规定，建筑面积按国家《建筑面积计算规则》计算；出租单元内建筑面积包括单元内使用面积和外墙、单元间分隔墙及单元与共用建筑空间之间的分隔墙水平投影面积的一半；可出租面积是出租单元内建筑面积加上分摊共用建筑面积（包括：电梯井、楼梯间、卫生间、变电室、设备间、公共门厅、过道、地下室、值班警卫室、其他功能上为整栋建筑服务的共用房和管理用房的建筑面积、出租单元与共用建筑空间之间分隔墙及外墙墙体水平投影面积的一半)。在计算分摊共用建筑面积时，凡已作为独立使用空间出租的地下室或车库以及作为人防工程的地下室不应计入分摊共用建筑面积部分。

每个独立出租单元的可出租面积 = 出租单元内建筑面积 × (1 + 共用建筑面积分摊系数)

共用建筑面积分摊系数 = 整栋建筑物各出租单元内建筑面积之和

某一承租人承租的面积可以是一层楼的一部分，也可以是整层楼面或数层楼面。对于整层承租的承租人来说，承租人不仅要分摊其所在楼层的共用建筑面积，还要分摊底层大堂及其他所有为全体承租人服务或使用的共用建筑面积。一般老式建筑的共用面积分摊系数较新建筑要大得多。对于写字楼建筑，共用面积分摊系数在0.2～0.3之间。

2. 制订租金方案。写字楼的租金水平主要取决于当地房地产市场的状况。确定租金时，一般应首先根据业主希望达到的投资收益率目标和其可接受的最低租金水平(即能够抵偿抵押贷款还本付息、经营费用和空置损失的租金)确定一个基础租金。

在一定的市场条件下，某宗写字楼租金水平主要取决于物业本身的状况及其所处的位置。但写字楼建筑内某一具体出租单元的租金则依其在整栋建筑内所处的位置有一定差异，尤其是对高层建筑而言。物业管理企业在确定各写字楼出租单元的租金时，常用位置较好的出租单元之超额租金收入来平衡位置不好的出租单元的租金收入，使整栋写字楼建筑的平均租金保持在稍高于基础租金的水平上。

3. 出租单元的面积规划和室内装修。承租人选择写字楼时非常关心其承租部分的有效使用和能否为其雇员提供一个舒适的工作环境。物业管理企业可以通过综合考虑承租人的规模、组织构架、偏好与品味、需要安装的设备和财务支付能力等来帮助承租人确定最佳的承租面积并在其所承租的出租单元内就房间布置、办公设备布置、内部通道的安排等进行设计。

室内装修的费用由谁来支付经常是租约谈判过程中的焦点问题。通常，业主要就某些标准化的装修项目支付一些费用，也可能由业主笼统地提供一笔按每平方米单元内建筑面积计算的资金来补贴承租人初次装修需支付的费用。

除标准化装修项目的费用外，其他装修费用由谁来支付，一般视市场条件和写字楼内入住率水平而定。一般有四种选择：由业主支付、由承租人支付、业主和承租人分担、业主支付后由承租人在租约期限内按月等额偿还本息(作为租金的一部分)。在市场状况有利于承租人而非业主的情况下，为承租人提供装修补贴常常被业主或其物业管理企业用来作为吸引承租人的手段。

提示： 无论如何安排装修费用的支付，业主和其委托的物业管理企业保留有对整栋写字楼建筑进行统一装备或进行建筑物内部功能调整的权利。

(三) 租约与租约谈判

写字楼租约条款的谈判相当复杂，常会有一个很长的谈判周期。物业管理企业也常常参与到租约谈判的过程中来。在通常情况下，业主会事先准备好一个适用于写字楼物业内所有出租单元的标准租赁合约，潜在的承租人可在这个基础上，针对某一特定的出租单元就各标准条款和特殊条款进行谈判，形成一份单独的租约。谈判中双方关注的问题包括：租金及其调整、所提供的服务及服务收费，公共设施如空调、电梯等使用费用的分担方式等。

1. 租赁合约中的标准条款。写字楼物业的租约一般都要持续几年的时间，租约中一般都包括租金定期增长方式的调整条款。在这一条款中，要参考一个标准指数如消费价格指数或商业零售价格指数，来确定租金定期增长的数量或幅度。但承租人和物业管理企业更愿意商定一个固定的年租金增长率或增长量，该增长率或增长量在整个租赁期间内有效。例如，月租金在整租期内每年上调 10 元/m^2 或每年上调 8%。当租期很长时，也可规定每两年或三年将租金调整一次。为使租赁双方共同承担通货膨胀带来的风险，有时规定租金可以按消费者价格指数调整，但同时又规定一个上调比例的最高限，以便由承租人承担最高限以内的风险，由业主承担最高限以外的风险。

在写字楼租约中“毛租”的方式不多见，通常采用“净租”的方式。在具体的租约中，要规定代收代缴费用所包括的项目名称，以及每项费用在承租人之间按比例分摊计算的方法。最常见的代收代缴费用是除房产税和保险费外的水、电、煤气等资源的使用费。此外，设备和公共空间的更新改造投资也要在承租人之间进行分摊。

2. 折让优惠和承租人权利的授予。折让优惠是业主给承租人提供的一种优惠，用以吸引潜在的承租人。折让优惠的具体做法很多，如给新入住的承租人一个免租期、为承租人入住前的装修投资提供资金帮助等。折让优惠可能是由业主提供一笔资金，供承租人用于装修投资或支付其他费用，但在租赁期间内，这笔资金仍要通过各种方式归还业主。

折让优惠还可能体现在续约期的有关条款上。如果承租人预计由于自己业务的发展可能会在未来增加承租面积，则一般希望业主在将来（一般是租约期满）能满足其扩展办公空间的要求。但业主很难接受这一做法，因为这样可能会使其腾空的写字楼面积的空置时间增加，从而减少租金收入。作为一种替代的办法，业主通常可以给承租人一个优先权。即如果承租人想扩大其所承租的写字楼面积，而其原租用的写字楼单元的相邻单元又处于空置状态的话，则该承租人在同等条件下有优先承租权。有时承租人还会要求在租约中加上在原租约条件下续租的条款。

一般业主不愿在租约期满时赋予承租人过多的权利。首先，期限较长的租约所规定的租金在租赁内很难赶上市场租金水平的可能变化，尽管有租金定期调整的条款，但实际租金常低于市场租金；另外，在租约期满时赋予承租人一定的权利也并不能保证其继续承租。在某些时候，租约中还会包括有关提前终止租约的条款，即规定承租人只要提前一定的时间通知业主并按规定交纳罚金，承租人就可以提前终止租约。赋予承租人一定的权利，在大多数情况下是业主不情愿的事，但业主为了保持物业的市场竞争力，有时不得不这样做。

四、写字楼物业管理的目标与要求

写字楼管理可围绕“安全、舒适、快捷”六个字展开。安全是指让用户在写字楼里工作安全放心；舒适是指要创造优美整洁的环境，让用户感到舒适、方便；快捷是指让用户在大楼内可随时与世界各地进行联系，交换信息，抓住商机。为此，写字楼管理与服务要按照以下要求展开：

1. 科学化、制度化、规范化、高起点。现代写字楼技术含量高，管理范围广，不能只凭经验办事。要有一套覆盖各个方面的管理制度，使整个管理工作有章可循，有据可依，管理与服务科学化、制度化、规范化；要有高素质的员工队伍，高技术的管理手段，高标准的管理要求。

2. 加强治安防范，严格出入管理制度，建立客户档案。写字楼的安全保卫工作很重要，它不仅涉及国家、企业和个人财产与生命安全，还涉及大量的行业、商业、部门机密。由于写字楼一般在办公时间都是开放的，所以治安管理难度大。因此必须建立和健全各种值班制度，坚持非办公时间出入大楼的检查登记制度，定期检查楼宇防盗与安全设施制度，下班交接检查制度。加强前门、后门的警卫及中央监控，24 小时值班巡逻，力求做到万无一失。同时，应全面建立客户档案，熟悉业主、租户情况，增加沟通了解，做到时时心中有数，确保业主、租户人身和财产的安全。

3. 加强消防管理，做好防火工作。由于写字楼规模大、功能多、设备复杂、人流频繁、装修量大，加之高层建筑承受风力大和易受雷击，所以火灾隐患因素多。因此，写字楼防火要求高，应特别加强对消防工作的管理。要教育员工、业主、租户遵守用火、用电制度，明确防火责任人，熟悉消防基本知识，掌握防火、救火基本技能；加强防范措施，定期检查、完善消防设施，落实消防措施，消除事故隐患。

4. 重视清洁管理。清洁好坏是写字楼管理服务水平的重要体现，关乎大厦的形象。由于写字楼一般都采用大量质地讲究的高级装饰材料进行装饰，所以清洁难度大，专业要求高。为此要制定完善的清洁细则，明确需要清洁的地方、材料、清洁次数、检查方法等。同时要加强经常性巡视保洁，保证大堂、电梯、过道随脏随清，办公室内无杂物、灰尘，门窗干净明亮，会议室整洁，茶具清洁消毒。

5. 强化设备管理设施的维修保养。设备、设施的正常运行是写字楼运作的核心。应重视对写字楼水电设施（包括高低压变电房，备用发电房，高低压电缆、电线，上下水管道等各项设施）的全面管理和维修，供水供电要有应急措施。应特别注重对电梯的保养与维修，注重对消防系统的检查、测试和对空调系统的保养、维修。要有健全的检查维修制度，要对公用设备、公共场所，如大厅、走廊、电梯间等定期检查、维修维护。对业主、租户的设备报修要及时处理，并定期检查。要做到电梯运转率不低于 98%，应急发电率达到 100%，消防设备完好率达到 100%。

6. 设立服务中心，完善配套服务。管理就是服务。为满足客户需要，写字楼应有配套的服务，设立服务中心。帮助业主、租户办理入住和退房手续，解决相关问题；提供问讯、商务等各类服务。

第二节 商业场所物业管理

商业场所是指商业经营性质的物业及其场所，其目的是为投资租赁者提供经营，为顾客提供消费休闲活动。包括各类商场、购物中心、购物广场及各种专业性市场等，其中，融购物、餐饮、娱乐、金融等多种服务功能于一体的大型商场物业也称公共性商业楼宇。

公共性商业楼宇是因商业发展而兴起的一种新的房地产类型。一般零售商店即使规模再大，仍然只有一个经营实体。而公共性商业楼宇一般会有很多独立的商家从事经营，各行各业的经营服务都有，范围远远超过零售商店，它不仅包括零售商店，而且包括银行、餐饮等各种服务性行业和各种娱乐场所。随着房地产商品化进程的发展，这些商场物业的产权性质也出现了各种形式，其经营方式多种多样。

一、商业场所物业的类型与特点

（一）商业场所物业的类型

1. 按建筑结构分，商场物业有敞开式的广场型，也有封闭式的购物中心型。

2. 按经营方式可分为七类：百货零售商场；大型超市；购物中心综合卖场；出租室内高档商铺；散铺出租、出售；住宅底层出租；专业零售（或批发、零售兼营）大型商业。

3. 按建筑产权分，包括临时产权型商业场所、分散产权型商业场所和统一产权型商业场所。临时产权型商业场所是指开发商向多个投资者出售一定物业年限的产权，到期后开发商退回投资款收加物业的类型。分散产权型商业场所是指将整体商业物业分隔成不同面积的单位出售给不同的业主，物业的产权由多人拥有。统一产权型商业场所是指物业产权只属于一家投资商、开发商或大业主。

4. 按商业辐射区域范围分，可分为五种类型：

（1）市级购物中心。市级购物中心的建筑规模一般都在 3 万平方米以上，其商业辐射区域可覆盖整个城市，服务人口 30 万人以上，年营业额在 5 亿元以上。在市级购物中心，通常由一家或数家大型百货公司为主要承租人；时装店、家用电气设备商店、眼镜店、珠宝店、摄影器材商店、鞋店、体育健身用品商店等通常也可作为次要承租人进入中心经营；银行、餐饮店、影剧院、汽车服务中心等也常常成为这些市级购物中心的承租人。按其所服务的对象不同，市级购物中心也有高档和中档之分。

（2）地区购物商场。地区购物商场的建筑规模一般在 1 万～3 万平方米之间，商业服务区域以城市中的某一区域为主，服务人口 10 万～30 万人，年营业额在 1 亿～5 亿元之间。在地区购物商场中，中型百货公司往往是主要承租人，家具店、超级市场、图书及音像制品店、礼品店、快餐店、服装店、玩具店等常常是次要承租人。

(3) 居住区商场。居住区商场的建筑规模一般在3000~10000平方米之间。居住区商场内，日用百货商店和超级市场通常是主要承租人，自行车行、装饰材料商店、礼品店、音像制品出租屋、药店等常常是次要承租人。

(4) 邻里服务性的商店。这些商店的建筑规模一般在3000平方米以下，且以500~1000平方米建筑面积者居多，服务人口在1万人以下，年营业额在3000万元以下。方便食品、瓜果蔬菜、日用五金、烟酒糖茶及软饮料、服装干洗、家用电器维修等的经营者通常是这些商店的承租人。

(5) 特色商店。这些商店通常以其经营的特殊商品或服务及灵活的经营方式构成自己的特点。如专为旅游者提供购物服务的旅游用品商店、精品店商场、物美价廉的直销店或仓储商店、有较大价格折扣的换季名牌商品店等。这类商店的建筑规模、商业服务半径、服务人口、年营业额等差异较大。

(二) 商业场所物业的特点

1. 建筑面积大，配置设备多。通常商业场所均有较大的建筑面积和广场面积，并配置了中央空调系统、闭路监控系统、发电系统、宽带网络系统、电梯群控系统等大量设施设备。

2. 经营商号多，服务功能全。一个商业场所内一般会有很多的商业经营单位，并往往能够同时提供购物、美食、娱乐、休闲、办公、商务等全方位的服务。

3. 物品进出多，顾客流量大。由于商业场所是经营性的，商品货物的入库量和销售量都非常大，丰富的商品必然吸引大量的顾客进入物业场所，形成这类物业的一个重要特点。

二、商业场所物业管理的内容

商业场所物业管理的标准应该依据2000年5月25日建设部以建筑房物第008号文发布的《全国物业管理示范大厦标准及评分细则》。商业场所物业管理的具体内容如下：

(一) 安全保卫管理

大型的商业场所面积大、商品繁多、客流量大、人员复杂，这些因素都容易导致发生安全问题。因此，商业场所的安保工作量较大、质量要求高。商业场所物业安全管理服务主要是为顾客提供安全、放心的购物环境，并确保商业场所的物品不被偷盗。商业场所安保管理的主要工作有：

1. 实行24小时值班巡逻制度，在商业场所营业时间内，物业管理企业应安排便衣保安员在商业场所内巡逻。

2. 在商业场所重要部位，如财务室、电梯内、收款台、各主要出入口等处安装闭路电视监控器、红外线报警器等报警监控装置，保安工作人员对商业场所进行全方位监控。

3. 商业场所营业结束时，保安员应进行严格的清场，确保商业场所内无闲杂人员。

4. 结合商业场所的实际情况，制订安全管理预案，在紧急情况下，能够启动、实施安全预案。

5. 同当地公安部门建立工作联系，发现案情时积极主动协助，配合公安部门的工作。

（二）消防管理

大型商业场所的客流量非常大，各种商品摆放较密集，而且物品种类多，这些都给商业场所的消防管理工作带来较大困难。所以，商业场所的消防管理工作主要应从以下几个方面展开：

1. 组建一支素质高、责任心强、专业技术过硬、经验丰富的消防队伍，在物业管理企业内部成立一支专业消防队，在商业场所租户群体中成立一支义务消防队。通过宣传、培训，使商业场所租户提高消防意识，增加消防知识，熟悉灭火器等消防器材的使用方法。

2. 针对商业场所特点，完善各种消防标识配置，如避难指示图、各出入口指示，灭火器材的存放位置、标识等。同时，一定要保持标识的完整、清晰。

3. 结合商业场所经营特点，制订商业场所消防预案，对物业管理企业全体人员及部分租户进行培训，在紧急情况下能有效组织灭火、疏散人员、保证客户人身财产安全。

4. 定期或不定期地组织商业场所的消防实践演习，提高服务管理体制者和客户在紧急情况下的应变能力。

5. 定时、定期对消防设备设施进行检查维护，确保消防设备设施能随时启用。

（三）车辆管理

大型商业场所车辆来往频繁，停留时间较短，停车是否方便，交通是否便利直接关系到商业场所的经济效益。所以，对来往车辆的疏导管理是商业场所物业管理工作的重要组成部分。商业场所车辆管理的主要内容有：

1. 物业管理企业设有专人负责指挥维持交通，安排车辆停放，同时要有专人负责车辆看管，以防丢失。

2. 商业场所车辆管理要分设货车、小车、摩托车、自行车专用停放场所。

3. 物业管理企业要与交通管理部门建立工作联系，了解周边地区停车场情况，有助于本商业场所的车辆疏导工作和简单处理解决交通纠纷问题。

（四）环境保洁与绿化管理

大型商业场所客流量大，产生垃圾、杂物自然会多，保洁工作的主要内容有：

1. 对商业场所进行流动性保洁，即保洁操作频繁进行，在雨天、雪天应及时采取防护措施。

2. 专人负责随时、定时收集垃圾、杂物，并清运到垃圾存放点。

3. 依据商业场所营业时间，定期、定时对商业场所地面进行打蜡、抛光等养护工作，随时擦拭各种指示标识、招牌等。

4. 定期清洁商业场所外墙面、广告牌等，确保商业场所的外观形象。

5. 制订适合商业场所的保洁服务质量标准，设立清洁检查机制，并有效落实和实施，确保质量标准有效完成。

(五) 房屋及附属设备设施管理

大型商业场所的房屋及设备设施是商业场所经营活动所必须的，物业管理企业对商业场所房屋及设备设施的维修养护工作是否到位，直接关系到商业场所是否能够正常营业。商业场所房屋的管理及维修养护工作与写字楼等类型物业基本相同。商业场所的设备设施管理工作主要有以下几个方面：

1. 结合同商业场所的营业时间，制订设备设施日常性、阶段性维修养护计划，使设备设施维修养护工作按部就班地逐步实施，不影响商业场所的正常经营活动。

2. 建立有效的巡视检查制度，对供电设备系统、给排水系统、消防系统、照明系统、霓虹灯广告等设备定时、定期查巡，及时发现和解决问题，确保设备设施正常运行。

3. 对电梯、中央空调等重点设备做好对外委托性维修养护工作，以保证为客户提供顺畅的交通和适宜的温度。

4. 对设备设施的报修工作应于第一时间及时处理，保持高效率，以使商业场所不致于因设备故障而中断经营活动。

5. 及时整改容易造成客户损伤的设备设施，如柜台锋利的玻璃边、角应进行修整等，避免使消费者受到意外伤害。

三、商业场所物业管理的特点

(一) 需要确保商业场所的安全性

由于进出商业场所的客流量大、人员复杂、商业场所内部商品繁多，因而给商业场所的安全防范工作带来很大的困难。物业管理企业应通过完善的技防和人防措施，最大限度地保证业主、客户和顾客的利益，在防盗的同时注意策略、方法得当，保证顾客安全、放心地购物消费。

由于商业场所内部人员流动大、商品众多，场所内部火灾的防范工作尤其重要。作为从事商业场所管理工作的物业管理企业，平时要做好对消防设备设施日常维护保养工作，同时要制订并完善紧急情况下的应急措施，通过各项管理保证切实执行，保证商业场所内消防通道的畅通，一旦出现紧急情况便能够及时将顾客疏散。

(二) 需要确保设备设施的可靠性

商业场所的设备设施尤其是高层商业场所的设备设施，是开展正常经营活动所必须的。电梯的故障将会给顾客购物带来极大的不便，供电系统的故障会给商业场所带来巨大的混乱，同时造成不安全因素。空调系统的故障将会使顾客失去一个舒适的购物、休闲环境。因此，要对商业场所内各种设备设施进行精心的养护和及时的维修，以保证设备设施可靠的运行。

（三）需要确保顾客消费的便利性

由于商业场所来往人员多、车流量大，为了给前来休闲、购物的顾客提供一个便利的环境条件，在管理过程中要有专人负责来往车辆的疏导工作，以保证顾客的出行方便。现代大型商业场所停车是否便利，将会直接影响商业场所的经济效益。

（四）需要确保环境的整洁性

提示：

要保证管理的有效性，应该组织由工商管理部门参与、经营者代表组成的管理委员会，对公共商业楼宇的公共事务进行管理。

商业场所人员复杂、流动量大、人员责质参差不齐，加上废弃的商品包装杂物会使得商业场所内的垃圾增多，环境卫生变差。另外，对户外的招牌广告、霓虹灯要及时进行清洁维护，保持商业场所外观的整洁，树立良好的外部形象。

由于目前能够独立承担大型现代化商业物业管理的企业极少，加之投资商或大业主对把大面积的商业物业交给专业物业企业管理的认识有限，或存有重经营轻物业的现象，因此，公共商业楼宇的物业管理采用全面委托管理模式的并不常见。

公共商业楼宇应实行统一的专业化管理，在具体的管理决策上设立公共商业楼宇管理委员会。公共商业楼宇管理内容虽包括物业管理、物业形象的宣传推广和对经营者的分类、选择与管理，但不涉及具体的经营问题。物业管理公司不拥有所管物业的产权，因而不具有物业的经营使用权。它只是受物业产权人的委托对物业及设施、使用人的经营行为进行管理，以保证公共商业楼宇良好的经营环境和经营秩序，使经营者的生意好做。公共商业楼宇本身是一个整体，由于多家经营，各经营者经营活动的许多方面需要协调一致，而物业公司并不参与经营，无权介入各经营者的经营活动。

第三节　会所的物业管理

一、会所的类型和特点

会所是指在某个特定物业辖区为业主、租户客户提供娱乐休闲、康体健身、聚会交流的场所。根据业主客户的不同消费要求往往设置不同类型的会所，而根据不同会所的经营范围和经营内容，其特点往往不同。

（一）会所的类型

根据会所所处物业类型、经营性质、经营内容、经营方式的不同，可以将会所划分为不同的类型：

1. 按所处物业类型分类：分为住宅区会所和大厦会所。

2. 按经营性质分类：分为非营利性会所和营利性会所。非营利性会所是为满足特定的业主或客户的需要而设立的，不以营利为目的；营利性会所是根据市场需求而设立的，其提供经营服务主要是以营利为主要目的。

3. 按经营内容分类：分为康体类会所、休闲类会所、娱乐类会所和综合类会所。康体类会所是指为业主和客户提供身体锻炼项目为主要服务内容的会所，一般包括医疗保健、健美健身、体育运动等服务项目；休闲类会所是指为业主和客户提供身心放松、恢复精力项目为主要服务内容的会所，一般包括美容美发、桑拿按摩、音乐聊吧、桌球、保龄球等服务项目；娱乐类会所是指为业主和客户提供文化娱乐、情趣享受为主要服务内容的会所，一般包括歌舞晚会、卡拉OK、杂志阅览、电子游戏、文艺汇演等服务项目；综合类会所是为业主和客户提供各种各样项目为服务内容的会所，一般包括康体类、休闲类、娱乐类的各种服务项目。

4. 按经营形式分类：分为会员制会所和开放式会所。会员制会所也叫会员俱乐部，是指只有会员才能参加活动并交纳一定会费的会所，一般是在高档的物业会所和提供特定人群高消费活动项目的会所中采纳此形式；开放式会所是指对业主客户和外来人员全面开放经营的会所，一般普通的会所都采用此方式。

（二）会所的特点

1. 发展商建设，物业公司管理。会所的建立往往是发展商根据房地产开发销售的需要和业主顾客的要求而设计的，建成后又往往由专业的物业管理公司根据既定的设备设施进行非营利性或营利性的会所经营服务。

2. 设施设备先进，服务功能齐全。会所一般要满足广大业主、租户客户的娱乐休闲、康体健身的服务要求，所以往往配置了大量先进的设施设备，能够为大家提供文艺娱乐、健身保健、康体美容、饮食休闲等完善齐全的服务功能。

3. 会所定位与物业档次相适应。一般会所会根据所处物业的档次来决定会所规模的大小、服务档次高低、价格水平的高低和市场定位的确定，以最大限度地满足业主租户和客户的消费需求，也有利于物业管理公司的经营管理。

4. 服务品质高档，管理行为规范。由于来会所消费的顾客一般是消费能力水平较高，身份地位和素质品味较高，这就要求物业管理公司要提供高品质的会所服务和专业化的运作管理，规范服务人员的行为，提供优质的服务和管理。

二、会所物业管理的内容和特点

会所根据其经营方式分为会员制会所和开放式会所。由于其经营方式不同也就决定了其存在不同的管理内容和管理特点。

（一）会所物业管理的内容

1. 会员制会所的管理内容。

(1) 会员管理。主要内容包括会员人数确定、会费标准制定、入会退会管理、会员档案管理、会员制度建设等内容。

(2) 提供会所服务。向全体会员提供康体类、休闲类、娱乐类等所有的会所服务项目，同时提供专业的服务管理，一方面根据会员的需求尽量调整服务质量和项目种类；另一方面对有限的服务设施设备进行科学管理，如实施轮流消费、分时间段消费等形式，避免会员在消费时发生拥挤现象和冲突事件。

(3) 会所的维护管理。主要内容包括设施设备的维护、环境卫生的维护、治安消防管理、交通秩序维护等管理内容。

(4) 会所的人事管理。主要内容包括员工招聘、员工培训、绩效考评、薪酬管理、辞退解聘、岗位职能、工作职责等各方面的人事管理。

2. 开放式会所的管理内容。

(1) 市场营销推广。由于开放式会所的顾客源广泛，需要通过广告媒介和业主客户等途径来加强会所经营的营销推广。一方面增加老顾客的消费频率和消费忠诚度；另一方面增加新客源和服务特色，充分提高会所服务设施设备的利用率，从而增加公司会所经营的赢利能力。

(2) 开展多元化服务经营。会所根据顾客的需要、消费水平和消费群体特点，有选择地提供多层次、多方位的服务经营项目，在最大限度地满足顾客消费需求的同时获取最大的经济效益。

(3) 开发新服务项目。物业管理公司根据市场需求和顾客消费习惯的要求以及社会流行趋势的变化，更新改造和增添多元化的服务经营项目和形式，在稳定忠实顾客的同时吸引新的顾客。

(4) 会所的维护管理。和会员制会所一样，其主要内容也包括设施设备的维护、环境卫生的维护、治安消防管理、交通秩序维护等管理内容。

(5) 会所的人事管理。和会员制会所一样，其主要内容也包括员工招聘、员工培训、绩效考评、薪酬管理、辞退解聘、岗位职能、工作职责等方面的人事管理。

(二) 会所物业管理的特点

由于会所的顾客往往是一些特定的消费人群，与一般场所的消费者有较大的区别，所以，会所物业管理服务的特点也有所不同，概括来讲有以下特点：

1. 设备运行正常，管理程序规范。由于会所是经常性消费场所，需要加强维护管理，以保证娱乐休闲、健身康体、卫生清洁、保安消防等各种配套设施设备的正常使用，并要实施标准化程序的各类设备管理，确保会所的正常有序经营。

2. 服务收费较高，服务品质优良。由于会所是高级消费场所，顾客消费层次较高，这就要求提供豪华的设施设备和优质的服务，也就大大增加了服务管理的成本，所以服务收费一般较高；另外为了吸引和稳定消费顾客，会所的服务品质一般要求较高。

3. 管理制度健全，服务态度热情。为了保证会所的健康运作和良性经营，公司一般要建立健全服务制度、管理制度和经营制度，以保证会所提供标准化的服务、程序化的管理和规范化的经营；另外要求服务人员要有良好的职业道德和热情的服务态度，树立会所的良好形象。

4. 经营形式灵活，服务方式专业。由于会所的顾客消费层次不同、消费习惯有别、消费能力各异，这就要求提供多元化、差异化、全方位的经营方式，以最大限度地满足顾客需求；为了提高老顾客的消费次数和吸引新顾客的消费流量，要提供各种具有专业品质的服务方式和个性化、人性化的服务管理，从而提高会所的服务品位。

5. 服务理念先进，服务品位高档。在当今市场经济的条件下，会所管理要不断提高自己的服务理念，使自己在竞争中立于不败之地。同时要不断改进服务方式、提高服务质量，从而提升会所的服务品位，建立会所的品牌形象。

【案例阅读】

××商场管理公约

为了更好地加强商场管理，维护广大经营者的利益，使商场拥有一个卫生、安全、优雅、舒适的经营购物环境，为经营者带来良好的经济效益，特制定本商场公约如下：

1. 商场营业时间是每天9:30~21:30。各业户必须提前10分钟到达各自档位，不按时进场按迟到处理。21:30停止营业，顾客离场，各业户在21:45分退场完毕，未经同意擅自关档离场作早退处理，凡迟到早退者每次扣10元，以此类推，三次及以上作书面检讨，视情况给予处理，情节严重者作停业整顿处理。

2. 未经管理处同意，不得擅自关档停业或缺业，如因特殊情况需要关档停业，须经管理处同意，否则作缺业处理。缺业半天罚款人民币50元，缺业1天罚款人民币100元，当月缺业3天作停业整顿处理，3天以上停业，视情况作自行退档处理，取消其经营资格。迟到早退1小时作缺业半天处理，迟到早退4小时作缺业1天处理。由于缺业迟到、早退而丢失物品，本公司概不负责，并要追究其缺业责任。

3. 每位经营者须凭本人的营业证进场（营业证在管理处办理），营业时间必须佩戴本人的营业证，并在档口显眼处挂出营业执照，以备工商管理部门检查。

4. 每位经营者退场时，须收好物品，锁好各自档口，保管好钥匙，否则丢失物品自己负责。

5. 经营者必须衣冠整齐，营业时间不得穿拖鞋，不准睡觉，不准大声喧哗，不准粗言秽语，不准辱骂顾客，不准占用公用通道，违者须作书面检讨并罚款50元，情节严重者停业整顿，如仍不能认识错误将取消当事人的营业资格。

6. 爱护公共卫生人人有责，在商场内不准有随地乱扔乱吐、乱堆乱放、影响整个经营环境的行为，违者除责令清除外，罚款人民币50~100元。

7. 营业时间在场内不准以任何方式进行赌博活动，如打扑克、打麻将等，若查获某档发生此类事情，按管理条例罚款（50~100元），并追究档主及当事人的一切责任。

8. 经营者必须礼貌待客，文明经商，应主动为顾客调试商品，商品必须保证质量，遇有质量问题，必须保证退换，并应提供保修和维修服务，对购买不满意，在72小时内要求退货、换货者，在原商品没有受损的情况下，均应满足其要求。

9. 为维护消费者利益，各业户必须遵守国家有关规定，守法经营，不得出售旧货、次货、伪货、冒牌货，如经查出，没收货品及送工商部门处理，情节严重者作停业整顿并实行经济制裁，吊销营业执照。

10. 未经商场管理处同意，不得擅自装设用电设备，如需临装或加装电器设备者，须向管理处提出申请，经同意后方可装设，违反者作书面检查并罚款人民币100元，没收安装工具和私装设备，严重者作停电处理。

11. 每位经营者，须自己到保险公司对自有财产投保，或委托管理公司代办，费用自理。否则，如因火灾、地震等自然灾害造成的损失，责任自负。

12. 为确保人身及财产安全，必须加强防火措施（每档位需备1211型灭火器两个，并摆放明显处），严禁擅自用电熨斗、电饭煲等未经许可使用的电器用具，违者罚款100元并追究当事者的一切责任。

13. 以上制度如有违反者，且拒不接受处理或罚款，管理处有权停止电力供应或要求停止营业，待其认识错误并接受处理后方能开业。停业期间，租金管理费照常计算。如业户在被停业后仍置之不理，超过3天，将被取消营业资格，没收押金或物品，收回档位。

14. 每位经营者首年管理费按物业部门批准价×××元/平方米收取，以后按物价指数逐年上升，该费用不包括公用及自用水电费及公共设施设备维修费。以上费用除自用水电费按自家独立电表计外，其他的由全体用户按面积分摊。每位经营者须自觉按时缴交水电费、管理费，逾期不缴交者，除须补齐原费用外，还须增交滞纳金（每天滞纳金按总费用的1%收取）。逾期一个月欠交者，管理处将停止电力供应，直至缴清所有费用为止。

以上条款一经签字即生效，并具有法律效力，任何违约者，将承担由此而产生的全部责任

【关键概念】坐盘销售、商务中心、商业场所、会所

复习思考题

一、填空题

1. 进行写字楼物业管理的（　　），就是通过对写字楼市场的（　　）并结合所管理的写字楼（　　）的状况，对写字楼进行分类。

2. 对于设备的维修控制，关键是（　　）的（　　）和（　　）的完善。

3. 编制维修计划时应注意：（　　）、（　　）、（　　）。

4. 写字楼贯彻保安管理的基本原则是：（　　）、（　　）、（　　）、（　　）。

5. 选择（　　）时，考虑的主要准则是（　　）所经营业务的类型及其声誉、（　　）和（　　）的能力、所需面积大小及其需要提供的（　　）的内容。

6. 在测量写字楼面积时有三个概念非常重要，即（　　）、（　　）和（　　）。

7. （　　）是指商业经营性质的物业及其场所，其目的是为（　　）提供经营，为顾客提供消费休闲活动。

8. （　　）是指在某个特定物业辖区为业主、（　　）、（　　）、（　　）的场所。

二、单项选择题

1. 写字楼的建筑面积在1万～3万平方米之间的，称(　　)。

A. 小型写字楼　　B. 中型写字楼

C. 大型写字楼　　D. 特大型写字楼

2. 商务中心的工程程序为(　　)。

A. 服务前　　B. 服务中

C. 服务后　　D. ABC

3. 以准确、快捷为原则，按客人服务要求准时、精确地完成服务，属于商务中心工作程序中的(　　)。

A. 引导服务　　B. 出租汽车预约服务

C. 提供旅游活动安排服务　　D. 洗衣、送衣服务

4. 小型写字楼的前台仅提供基本的问询解答(　　)。

A. 引导服务　　B. 出租汽车预约服务

C. 提供旅游活动安排服务　　D. 洗衣、送衣服务

5. 确定写字楼租金时，一般要认真考虑以下(　　)方面的因素。

A. 计算可出租或可使用面积　　B. 制定租金方案

C. 出租单位的面积规划和室内装修　　D. ABC

6. 商业场所物业按建筑产权分(　　)。

A. 临时产权型商业场所　　B. 分散产权型商业场所

C. 统一产权型商业场所　　D. ABC

7. 商业场所物业的特点(　　)。

A. 建筑面积大，配置设备多　　B. 经营商号多，服务功能全

C. 物品进出多，顾客流量大　　D. ABC

三、多项选择题

1. 按写字楼的使用功能划分为(　　)。

A. 单纯型写字楼　　B. 商住型写字楼

C. 综合型写字楼　　D. 复合型写字楼

2. 按写字楼的建筑面积的大小，可分为(　　)。

A. 小型写字楼　　B. 中型写字楼

C. 大型写字楼　　D. 特大型写字楼

3. 按写字楼现代化程序可分为(　　)。

A. 综合性写字楼　　B. 智能型写字楼

C. 商住型写字楼　　D. 非智能型写字楼

4. 现代写字楼有如下(　　)特点。

A. 所处区位好、规模大　　B. 多为现代化的高层建筑

C. 功能齐全，设施配套　　D. 使用时间集中，人员流动性大

5. 写字楼营销推广的一般过程(　　)。

A. 寻找客户订做式生产　　B. 寻找大型客户进行整售

C. 全面阶段　　D. 散售为主，租赁为辅，消化尾房

6. 写字楼设备的一般维修方法有(　　)。

A. 强制维修法　　B. 定期检修法

C. 诊断维修法　　D. 全面维修

7. 一般写字楼的消防系统主要有(　　)。

A. 干式消防系统　　B. 湿式消防系统

C. 消防联运机　　D. 火灾报警系统

8. 商业场所物业按商业辐射区域范围分(　　)。

A. 市场购物中心　　B. 地区购物商场

C. 居住区商场　　D. 邻里服务性的商店

E. 特色商店

9. 商业场所物业管理的特点(　　)。

A. 需要确保商业场所的安全性

B. 需要确保设备设施的可靠性

C. 需要确保顾客消费的便利性

D. 需要确保环境的整洁性

10. 会所按经营内容分类为(　　)。

A. 康体类会所　　B. 休闲类会所

C. 娱乐类会所　　D. 综合性会所

11. 会所的特点(　　)。

A. 发商建设，物业公司管理

B. 设施设备先进，服务功能齐全

C. 会所定位与物业档次相适应

D. 服务品质高档，管理行为规范

四、判断题

1. 写字楼消防工作的指导思想是：以防为主，宣传先行，防水结合。(　　)

2. 写字楼由于其档次高，设施设备复杂，管理要求高，一般都是开发商自己管理。(　　)

3. 一般业主不愿在租约期满时赋予承租人过多的权利。(　　)

4. 写字楼管理可围绕“安全、快捷、高档”。(　　)

5. 商业场所物业管理的优秀示范标准应该根据2000年5月25日建设部以建住房物第009号方发布的《全国物业管理示范大厦标准及评分细则》。(　　)

五、简答题

1. 简述写字楼物业管理的内容。

2. 简述写字楼一般销售方式。

3. 简述对商务中心工作人员有哪些要求。
4. 商务中心提供的服务项目包括哪些?
5. 简述大型写字楼的前台服务项目包括什么。
6. 写字楼有哪些客户服务?
7. 简述商业场所物业管理的内容。
8. 会员制会所的管理内容是什么?
9. 会员制物业管理的特点是什么?

第七章 DIQIZHANG

工业物业管理

学习目标

☐ 了解工业物业的类型及特征

☐ 掌握工业物业中工厂和仓库、仓储中心物业管理的主要内容

☐ 熟悉物流园区物业管理的要点

工业是指采用自然物质资源，制造生产资料、生活资料，或对农产品、半成品等进行加工的产业。服务于工业生产加工的物业称为工业物业。本章主要介绍工业物业的类型、特点以及工厂和商库物业、仓储中心、配送中心等物业形态管理的内容与主要要求。

第一节　工业物业概述

一、工业物业的类型及特征

工业物业是指为工业生产活动提供使用空间的房屋，包括工业厂房和近年来发展起来的高新技术产业用房、相关的研究与发展用仓库等。工业物业有的用于出售，也有的用于出租。一般来说，重工业厂房由于其设计需要符合特定的工艺流程要求和设备安装需要，通常只适合特定的用户使用。高新技术产业（如电子、计算机、精密仪器制造等行业）用房则有较强的适应性，轻工业厂房介于上述两者之间。目前在国内各工业开发区流行的标准厂房，多为轻工业用房，有出售和出租两种经营形式。

（一）工厂

工厂指直接进行工业生产活动的场所，通常包括不同的车间。

（二）标准厂房

标准厂房指由政府批准，在某一区域内进行统一规划、统一设计、统一施工、统一管理，其供水供电、交通通讯等配套设施齐全，布局合理，能满足从事一般工业生产和科学试验需要的标准型建筑物或建筑物群体。也称为通用厂房。

标准厂房一般具有以下特征：

1. 通常采用框架结构、大开间的建筑样式，大可分隔，小可组合，能满足长、短流水线的不同需要；

2. 主体部分的平面均采用矩形、通用性和适用性好，采光和通风条件也较好；

3. 一般由数幢或十几幢厂房及配套用房组成一个厂区，可由多家企业共同使用；

4. 为生产和科研所需要的配套设施比较齐全且复杂，在管理上有特殊要求；

5. 厂区一般布局合理，环境优美，建筑物造型新颖，体现出现代工业建筑的风格。

（三）仓库

仓库指储备原材料和存放产品的建筑物及场所。

（四）工业园区

工业园区指在一定区域内建造的，以工业生产用房为主，并配有一定的办公楼宇、生活用房（住宅）和服务设施的地方。工业园区既不同于一般的厂房，也不同于标准厂房，它有自己的特点。

园区规划往往要求突出科技发展要求，注重生活和环境质量，具有“体系完善、设计超前、思路科学”的特点。

二、工业物业管理的原则

工业物业以生产用房为主，但也有与之相配套的办公用房、生活用房和各种服务设施。所以，在管理方面，它既有与办公楼宇、居住用房相同之处，也有不同于它们的地方。工业物业的管理，应遵循以下几个原则：

1. 统一管理与独立管理相结合。在工业物业区域内，应该有一个统一的物业管理机构负责区域内的治安保卫、清洁卫生、庭院绿化、消防安全、设备设施维修保养等日常管理工作。但是，工业物业往往集生产用房、办公用房、生活用房、商业用房于一体，而且又因权属不同而必然给物业的统一管理带来困难。所以应遵循“统一管理与独立管理工作，协调各业主及使用人的关系。在各类用房中可以有独立的管理机构，即使在同一类型的房屋中，也可能有不同的管理机构。如生产用房，各生产单位可能是相对独立的区域或楼宇，因此有自己内部的管理机构，内部管理机构除尽职尽责管理好辖区的事务外，应协助整个工业物业区域内的统一管理机构做好各项工作。

2. 专业管理与自治管理相结合。工业物业或出售或出租，因此，可以像居住物业那样，成立“业主委员会”。业主委员会可对区域内重大问题作出决策，并有权选聘物业管理企业进行统一的管理。作为专业管理机构，物业管理企业的水平影响到工业物业的生产环境、工业环境和居住环境，影响到物业的保值和升值。遵循“专业管理与自治管理相结合”的原则，按照业主的要求与标准实施专业管理，有助于提高生产效率。

3. 物业管理与经营服务相结合。物业管理的现行模式是“统一管理、综合服务”。工业物业一般建在城市的远郊，远离大城市，生活有诸多不便之处。因而物业区域内建造了生活用房、商业用房。尽管如此，一个工业物业区域比一般居住小区要大，要满足不同业主和使用人的要求，势必还有一定的差距。物业管理企业在实施管理时，应急客户之所急，提供各类经营性服务。

第二节　工业厂房与仓库的物业管理

一、工业厂房和仓库物业管理的主要职能

工业厂房和仓库物业管理的主要职能有：

1. 负责厂房、建筑物等的日常管理事务；
2. 代表各企业、车间统一对外联系，协助落实街道办事处交办的社会任务；
3. 监督厂房和仓库管理规定的实施，协调各企业、生产厂家对公共部分的使用，维护绿化布局，落实卫生制度；
4. 负责厂房和仓库范围内公用部位、公共整体性设备及附属设备的管理、养护和维修；
5. 负责建立厂房和仓库修缮管理基金，设立专项账户，集专项用于公共交通、公共设施维修；
6. 按时收取和分摊管理费、维修费，并定期公布账目；
7. 有权采取必要的措施，保证管理规定的实施。

二、工业厂房与仓库管理的主要内容

（一）工业厂房与仓库管理面临的主要问题

工业厂房是生产车间，关系到产品生产。仓库是储存保管的场所，关系到产品的丢失损坏等。特别是工业厂房的管理是最难管理的，主要因为有如下的问题存在：

1. 公用地方及走火通道经常堆放杂物；
2. 厂房内储存易燃货物与材料较多，火警危险性较高；
3. 厂房内的机械及存量过多的货物可能超出楼面结构的承载标准；
4. 机器开动时的震荡噪音对环境产生滋扰；
5. 升降机使用频繁，损耗较大；
6. 工业楼房老化磨损速度快，保养维护费高；
7. 大多数工人的素质较低。

（二）工业厂房与仓库管理的主要内容

1. 制定严格的管理制度。管理制度包括：工业厂房仓库的管理规定；各个岗位的工作职责及操作规程；机器设备的安装、管理及使用规定；材料领取、加工及检验等规定；产品出厂入库等规定；成品发货出库等制度。

2. 加强对重点设备和公共设施及公共管网的管理。为了保证生产的正常进

行，必须对工厂一些主要的设备进行重点管理，如载货电梯的管理、工业供水供电管理、变电房的管理等，同时，公共管网对整个工厂的正常运作事关重大，其维修养护十分重要，如电话线、污水管等的维修养护工作等。

(1) 载货电梯的管理。电梯是现代化的工业厂房中最常用的、使用最频繁的运输设备，保证电梯的正常运行，对保障企业的生产生活有重要作用。为了管好用好这些电梯，必须对电梯司机进行专门的培训，并配备专业的维修技术人员，完全按照专业化的要求进行管理。

(2) 工业供水供电管理。工业用水用电不同于生活用水用电，其耗水量大，耗电量大，电容量也较生活用电之电容量大一些。而且水电的中止对厂家造成的损失有时是难以估计的，因此，水和电的正常供应是工厂进行工业生产的重要保障，对它们的管理是不容忽视的。为此，物业管理人员要做好工厂正常供水及供电的保障工作，应 24 小时保证供应。同时，要加强对高压变电房的管理，完全按照供电部门的安全操作规程进行管理，高配值班室每天 24 小时要有人值班、节假日照常，确保电力供应。同时值班人员应根据用电情况适时地调节和补偿功率因素，使电网保持在较为经济的运行状态，以降低电耗、节约能源。

(3) 公共管网的维修养护。这方面的工作较为繁杂。比如污水管堵塞如不及时检修，势必影响工厂和工人的正常工作。因此，对公共管网的维修养护十分重要。

3. 完善工业厂房与仓库的消防保安管理。工业厂房的消防管理往往是厂家所忽视的内容，从而导致许多工厂火灾的发生。许多工厂企业其他的管理制度多如牛毛，惟独没有防火责任制。作为物业管理公司进行管理的工厂和仓库，必须加强对所管辖厂房和仓库的消防安全工作。

4. 工业区域的环境管理。应主要做好工业区域环境污染类型的调查与摸底工作，搞好区域内的绿化和环境卫生，认真清理物业管理区内的违章反搭建，适当建设一些功能型、装饰型和分隔型的各类环境小品，努力建设新型的人文环境。

第三节 仓储中心物业管理

仓储业业务量增长速度较快，货物平均库存量增长，周转速度明显提高，仓储设施作为物流节点的作用越来越重要。

一、仓储管理概述

(一) 仓储管理在物流中的地位

从某种意义上讲，仓储管理在物流管理中占据着核心的地位。从物流的发展史可以看出，物流的研究最初是从解决“牛鞭效应”开始的，即在多环节的流通过程中，由于每个环节对于需求的预测存在误差，因此随着流通环节增加，误差被放大，库存也就越来越偏离实际的最终需求，从而带来保管成本和市场风险的提高。解决这个问题的思路，从研究合理的安全库存开始，到改变流程，建立集中的配送中心，以致到改变生产方式，实行订单生产，将静态的库存管理转变为动态的 JIT 配送，实现降低库存数量和周期的目的。在这个过程中，尽管仓库越来越集中，每个仓库覆盖的服务范围越来越大，仓库吞吐的物品越来越多，操作越来越复杂，但是仓储的周期越来越短，成本不断递减的趋势一直没有改变。从发达国家的统计数据来看，现代物流的发展历史就是库存成本在总物流成本中所占比重逐步降低的历史。

从许多微观案例来看，仓储管理已成为供应链管理的核心环节。这是因为仓储总是出现在物流各环节的结合部，例如，采购与生产之间、生产的粗加工与精加工之间、生产与销售之间、批发与零售之间、不同运输方式转换之间等等。仓储是物流各环节之间存在不均衡性的表现，仓储也正是解决这种不均衡性的手段。仓储环节集中了上下游流程整合的所有矛盾，仓储管理就是实现物流流程的整合。如果借用运筹学的语言来描述仓储管理在物流中的地位，可以说就是在运输条件为约束力的情况下，寻求最优库存（包括布局）方案作为控制手段，使得物流达到总成本最低的目标。在许多具体的案例中，物流的整合、优化实际上归结为仓储的方案设计与运行控制。

（二）仓储管理的主要内容

1. 仓库管理的任务，仓库管理的主要任务有：

(1) 根据本企业制度做好物资出库和入库工作，并使物资储存、供应、销售各环节平衡衔接。

(2) 做好物资的保管工作，据实登记仓库实物账，及时编报库存报表，经常清查、盘点库存物资，做到账、卡、物相符。

(3) 积极开展废旧物资的回收、整理、利用工作。协助做好呆滞物资的处理工作。

(4) 做好仓库安全保卫、防火及卫生工作，确保仓库和物资的安全，保持库容整洁。

2. 仓储管理的主要内容。仓储管理的内容包括三个部分：仓储系统的布局设计、库存最优控制、仓储作业操作。这是三个层面的问题，彼此又有联系。

仓储系统布局是顶层设计，也是供应链设计的核心。就是要把一个复杂纷乱的物流系统通过枢纽的布局设计改造成为“干线运输＋区域配送”的模式，枢纽就是以仓库为基地的配送中心。在相应的信息系统设计中，表现为“联库管理”的模式，分为集中式、分布式和混合式三类，其中配送中心的选择和设计是整个系统布局的关键。

库存的最优控制部分是确定仓库的商业模式的，即要（根据上一层设计的要求）确定本仓库的管理目标和管理模式，如果是供应链上的一个执行环节，是成本中心，多以服务质量、运营成本为控制目标，追求合理库存甚至零库存；如果是独立核算的利润中心，则是完全不同的目标和管理模式，除了服务质量、运行成本外，更关心利润的核算，因此计费系统和客户关系管理成为其中极其重要的组成部分，因为在计费系统中固化了市场营销的战略和策略。

二、仓储中心物业管理内容

（一）制定严格的管理制度

1. 仓库管理的规定；
2. 各个岗位的工作职责与操作规定；
3. 机器设备的安装、管理、使用规定；
4. 材料领取、加工、检验、耗用等规定；
5. 产品入库的规定；
6. 产品发货出库制度；
7. 安全保卫制度；
8. 消防制度。

（二）仓库的内部管理制度

按仓库租赁合同的规定，各企业单位、车间要履行各自的权利和义务，管理好各自使用的建筑物。此外，各企业应遵守以下几项规定：

1. 仓库不准用作生活居住，除了经公安部门批准同意设立专用库房外，禁止厂内堆放易燃、易爆、有腐蚀性的危险品和有害物品。

2. 各企业根据生产需要，对仓库进行分割改造和内部安装设备时，不可损坏楼面或超过楼面允许的荷载。施工前应与管理者联系，并提供图纸，经有关部门会签后方可施工。

3. 按照仓库楼层的承受负荷要求放置设备和货物，如有超载放置而引起楼层断裂、损坏，管理者有权要求有关企业修复到正常状态，由此造成的损失由责任企业负责。

4. 因使用水电不当而造成的损失由责任企业负责。

5. 管理者要求货物包装废弃物由库管人员自行处理，不可向外胡乱倒放、丢弃。

（三）仓库公用部位的管理

1. 各企业不得以任何形式占用在购买或租赁合同中明确的公用部位。各企业应教育员工爱护公用部位的房屋结构和设备，如有人为损坏，损失由责任者负责，并追究其单位管理责任。

2. 为确保仓库及附近的建筑群体协调和美观，满足给排水及道路畅通要求，消防安全规程及生产人员安全，各企业不得在规定范围内以外的基地上或层面的外墙、技术层搭建和安装设备。若要在外墙或屋顶设置企业标志和广告，应事先向管理者申请，经协调批准后方可实施。

3. 为确保文明生产和绿化环境，无论购买或租赁仓库面积多少，均不可占用园林绿地。

4. 仓库的公共场所，除了由管理者协商确定停放自行车和汽车外，各企业不得堆放货物。

5. 为确保公共场所的清洁卫生，各企业要加强对员工的教育，对于违反环卫保护规定者进行处罚，由肇事者负责。

（四）库区的环境管理

1. 库区环境污染的类型

（1）空气污染。造成空气污染的因素有：燃煤排放的二氧化碳气体；机动车尾气；工厂内排放的化学烟雾、粉尘。

（2）水体污染。工业废水里含有大量有毒、有害污染物，进入水体内造成水体污染。

（3）固体废弃物污染。工厂内固体废弃物是人们在生产、生活中扔弃的固态物质。

（4）噪声污染。噪声可分为交通噪声、生产噪声和生活噪声。

2. 做好绿化和环卫工作。这项工作既是治理环境污染的有效措施，也是提高环保质量的有益途径。库区内的绿化能够净化空气，防尘、防噪音，起到改善库区内小气候的作用，并美化人们的工作、生活环境。

库区的绿地包括：公共绿地，指工业区内、生活区域及文化活动场所的绿地；公共场所，指公共建筑及公用设施绿地；宿舍住宅区及庭院绿地；道路及广场绿地。工业区的环境卫生要注重“扫”和“防”结合，公共场所要放置卫生桶、卫生箱等，公路要天天清扫、洒水。

第四节　物流园区的物业管理

物流园区是对物流组织管理节点进行相对集中建设与发展的、具有经济开发性质的城市物流功能区域；同时，也是依托相关物流服务设施降低物流成本，提高物流运作效率，具有产业发展性质的经济功能区。

一、物流园区的特点

（一）物流园与工业园的比较

1. 组成内容不同。工业园由厂房、仓库、办公楼，其他的还可能有公寓、食堂等辅助配套物业组成。这里要说的是仓库，随着现代物流行业的发展，工业企业逐渐把库存交给第三方物流，这样仓库的功能会越来越弱化，主要的类型可能是生产与办公区。物流园由仓库、停车场、装配车间、办公楼等组成。随着物流行业的不断发展，物流园承担了越来越多的功能，甚至一些简单的装配都会在物流园内完成。

2. 功能不同。工业园以研发、生产产品为主要功能。物流园集仓储、货运、货物配送、装卸、信息咨询等功能于一身。

3. 服务对象不同。工业园的服务对象一般为生产企业机构，客户群较为单一、稳定。物流园的服务对象非常复杂，如国际、国内大型仓储企业，来自全国各地的物流企业、信息服务企业，民航、铁路、公路运输代理机构，运送货物的客户，装卸企业、装卸工，个体商户等等。大量的人流、车流、物品流动、信息流动，这是物流园最突出的特点。

4. 运营时间不同。工业园运营时间一般较有规律，同时有一定的间歇时间。物流园运营时间基本是全天候运行。这与物流园的位置与城市交通管制有关。物流园占地面积大，为了减少投资成本，同时减少物流运输给城市交通带来的压力，物流园的位置一般建于远离城市中心的地方，或是城乡结合部，而且城市交通管制对于大货车的通行在一些繁华路段只允许夜间通行，所以物流园的运营不仅仅是白天，有时甚至会集中在夜间进行。

（二）物流园区的特点

1. 多种运输手段的集合。目前，我国的铁路有自己的枢纽，有大大小小的货场，有不计其数的专用线；公路、内河、海运及航运业也都有自己的线路、自己的枢纽。缺少的就是把这些枢纽一体化的物流基地（物流园区），这种一体化一是可以节约单一枢纽不必要的建设投资成本，二是可以提高整个运输系统的运作效率。

2. 多种作业方式的集约。物流园区的功能定位以市场信息为基础，以产品配送为主业，以现代仓储为配套，以多式联运为手段，以商品交易为依托。因此，物流基地不同于单一任务的配送中心，也不同于具有一定专业性的物流中心，它是最基本的也是最重要的。功能式特性就是综合、集约，这种集约主要体现在多种作业方式的集约上，包括仓储、配送、货物集散、集装箱、包装、加工以及商品的交易和展示，还应该体现在技术、设备、规模管理等方面。

3. 多种运行系统的协调。运行系统的协调主要反映在对线路和进出量调节上。大规模的物流基地，同时也是指挥、管理和信息中心，通过信息的传递和信息的集中，使它具有非常强的指挥功能。

4. 多种城市需求的选择。城市发展的需求有许多，小到菜篮子工程、连锁商业的发展，大到缓解交通压力、理顺城市的功能。从这个角度出发，物流基地应该建在中心城市的外围，具体配置在哪里，这要看所服务的基地区域的辐射投向，要看中心城市的发展速度以保证物流基地的生命周期。

5. 多种服务手段的配套。一个物流园区应该具备以下的服务性功能：结算功能、需求预测功能、物流系统设计咨询功能、专业教育与培训功能、共同配送功能。

二、物流园区物业管理的要点

将“物流”两个字拆开，我们可以找出其物业管理成功与否的两个支点。一是“物”，即货物。货物的安全是重中之生，盗窃、火灾是对货物安全的威胁点。由此，要在治安与消防上下足功夫。二是“流”，即人流、车流。物流园的特点决定了人流、车流量大而且构成复杂。

（一）治安管理的要求

（1）加强重点部位巡查，如车场、仓库区，绝对禁止无关人员进入。

（2）建立快速反应机制，配备充裕的对讲机等通讯工具，每个巡逻人员都配备自行车。

(3) 重视安管员自身防护，夜间巡逻必须两人以上，并配备必要的防身器材。

(4) 完善园区的闭路监控系统。

(二) 消防管理的要求

(1) 加强培训与执行制度是消防安全的前提。

(2) 加强重点部位的防火巡查，特别是仓库区的巡查。

(3) 加强供电线路、开关的巡查，防止短路引起的火灾事故，并保证消防设施的完好。

(三) 流通管理要点

1. 人流。人流重点做好咨询、引导，监督可疑人员的行路，保护客户人身与财产安全。

2. 车流。车流加强出入口与停车场管理，完善各类车辆导向标识与停放指示。

无论是何种类型的物业管理，其宗旨都是为业主与客户服务，而沟通的好坏直接关系到服务的优劣。因此在做好上述管理的同时，在物流园区管理方面还应加强与有关方面的协调沟通管理。主要包括两个方面：

第一，与业主、客户的沟通。首先要让业主与客户认识到物业管理的内容，明确双方的责权利，特别是要让客户认识到物业管理的安全管理不是买保险，不是有了物业管理自己的财产就万事大吉，而忽视了内部的安全管理，或者一有损失就找物业管理公司索赔；其次要让其理解进而接受治安与消防严格的管理制度，刚开始往往客户难以理解甚至有不满情绪，我们通过讲述、公告栏与反面例子的警示，向客户宣传这些管理制度的出发点，经过多次沟通，客户也已经逐渐理解并习惯于这样的管理。

第二，与周边公安、消防和货运管理部门保持良好的沟通渠道，取得这些部门对物业管理工作的支持。

【案例阅读】

创新物业管理　缔造一流品牌

——创新发展纪实

深圳市科技工业园物业管理有限公司成立于1993年，承担着深圳科技工业园园区物业管理和服务工作。十多年来，“科技园物业”一直以“诚实做人、专业做事、真诚待人”的准则，努力创造科技园区美好的工作和生活环境，为进驻科技园的中外明星企业的发展以及深圳市高新产业的发展提供了高品质的服务，并在此过程中精心打造了科技园物业品牌的新形象，被人们誉为“中国科技工业园第一管家”。

(一) 和谐科技园，打造一流服务精品

与其他物业管理不同，科技工业园区的物业管理，就其服务范围来说不仅仅是一座工业大厦、一个商务写字楼、一个小区，而是由这一片工业大厦、科研中心、商务写字楼、学校、通讯、卫生、生活小区等众多元素组成的、包含了整个工业园区内的人们衣、食、住、行等活动的小型社会，其管理服务不但要与业主进行良性互动，更要与市政、交通等多个行政部门进行高效的协调。

而正是由于这种历史与现实的原因，过去一直未能妥善解决的问题开始考验着科技园物业公司：

1. 科苑西工业小区水电及供气设施逐年老化，居民强烈要求改造；

2. 小区围栏工程改造的施工，破坏了小区环境；

3. 科技园路的道路工程改造使园区交通状况恶化……

在困难面前，科技园物业要坚持两个不变：

第一，全心全意为业主服务的宗旨不变；

第二，管理质量、服务水平按国家一级企业的标准不变。

公司不仅严格要求管理人员及保安、保洁人员以小区卫生、安全为己任，做到勤巡、勤扫，加强对管理区的巡视；还对装修房屋的住户做耐心细致的思想工作，宣传物业管理的政策法规，杜绝了趁施工乱堆放残土和垃圾现象的发生。在对待业主实行承诺制服务的基础上，努力推行“满意服务”的活动，公司管理层带领员工走访管区企业及住户，经深入调查研究，在听取业主住户的意见，了解住户急需解决的难点和热点问题后，经过多方努力和协调，科技园物业克服资金短缺，施工现场复杂，管理关系复杂等种种问题，为住户解决了小区消防的问题，完成了园区篮球场的建设，对园内路面、围栏进行整修，走访五保户和病残特困户，为老人的家里做了内墙加厚处理，更换了下水管等设施……正是这一件件实实在在的小事，赢得了广大业主对科技园物业的信赖和支持。

在“全心全意为业主服务的宗旨不变，管理质量、服务水平按国家一级企业的标准不变”的服务之外，科技园物业更开展了“营造社区文化，建设精神家园”活动，先后举办“普天同庆双佳节，盛世中华龙虎跃”、“美丽家园书画、摄影比赛”等活动，用文化体现物业管理特色，用文化塑造文明社区。通过科普文化、环境文化、休闲文化和视觉文化的营造，为社区业主提供一个高品位的文化服务平台，在提高和锻造自身品牌与提高核心竞争力的同时，更创造了业主相互尊重、和睦相处的氛围，形成一个陶冶情操、净化心灵、提升精神的社区环境，打造了一个“和谐科技园”。

(二) 创新管理，占据未来物业管理制高点

科技工业园作为国家高新技术产业开发区的集中地，同时也是科学技术转化为生产力的重要基地，其物业管理有着明显的特点和要求：

第一，科技型物业的保密性、安全性要求很高。如一些科技公司为防止科研成果和资料的流失，对出入人员的检查就极为严格。著名科技企业深圳华为公司对科技园物业这方面的工作给予了充分肯定。

第二，科技型物业管理要为科技企业提供更完善的配套服务。如网络、多媒体、科技人员的生活习性等方面与一般企业不同。

第三，由于科技型物管公司服务的对象素质较高，因此相应地对物管人员的素质要求也较高。物管人员要能不断成长，跟上客户发展的步伐。

第四，由于很多科技企业是涉外型企业，因此物管人员更要求语言文明、行为举止规范，甚至对外语也有一定要求。

第五，科技型物管公司的服务具有延时性。科技企业常常通宵达旦地加班，因此物管公司要提供全天候服务。

第六，科技型物业管理一般要求连续性，从建设、装修到入驻要全方位跟踪服务——正基于此，提出了对物业管理企业的管理以及服务素质更高和更严格的要求……所以，要做一流的科技园物业管理企业，必须通过创新，不断提升自身的管理能力，并以此来提升自身的品牌、形象、服务。

此外，作为管理科技园物业的物业管理公司，除了在物业管理和服务上为广大企业和业主提供最规范、最优质的物业服务外，科技园物业多年来一直利用自身的资源和网络优势为园区内企业提供信息咨询服务，为他们在政府之间、市场之间牵线搭桥，成为科技园企业走上市场的“孵化器”：一方面，科技园物业公司重视各类市场信息的搜集并安排专人负责，将各种有利于园区企业发展的信息传递给社会，传递给市场。近年来，科技园物业公司作为“孵化器”，为园内高科技企业的发展起到了举足轻重的作用。在搜集信息的过程中，物业公司从中受益匪浅，也能利用各类信息确立公司本身的发展方向，在为园区的企业提供信息咨询服务的同时，也为物业公司找到了发展的新路。更重要的是，通过对园区内企业的服务，使物业管理公司成为各企业经营与生产的纽带和桥梁，各企业也非常理解物业公司的日常管理工作，并为物业管理提供了各种方便，积极配合，促进了科技园物业健康、良性的发展。

多年来，“科技园物业人”在“开拓创新、科技兴业、诚信服务、务实敬业”的企业精神内核中更形成了一个共识：科技园要快速、有效地占领市场，获得快速的发展，就要对科技园物业管理标准化服务模式进行持续超越的探索、研究和创新，把握物业管理的未来趋势，占据未来物业管理的制高点。正是基于这一种理念，科技园物业迎来了又一个丰碑式的发展里程。

与大企业牵手，强强联合谋发展。2004 年 3 月 10 日，在深圳市五家专业物业公司对深圳 TCL 大厦物业管理项目的激烈角逐中，经过公平、公正的角逐，科技园物业凭借多年管理科技型物业的经验以及平实的投标方案，一举中标，成功签约深圳 TCL 大厦——TCL 工业研究院高档写字楼、科研楼，获得该大厦的物业管理权。TCL 集团在中国是一个家喻户晓的企业，是从事家电、信息、通讯、电子产品研发、生产及销售，集技、工、贸为一体的特大型国有上市企业。TCL 大厦雄居高科技园区深南大道大冲段，地理位置优越，交通十分便利。大厦占地面积 15147.2 平方米，建筑面积 83439.6 平方米。大厦配套设施齐全，智能化程度相当高，其外观独特，周围环境优美，是 TCL 集团在深圳的一个高档办公、研发基地，也是该集团展示企业形象、提升企业国际品牌的窗口。

作为中国物业管理知名品牌企业之一，科技园物业公司在长期为高新科技企业服务期间，充分利用自己在管理科技型物业领域多年积累的人才、经验、管理模式、服务特色、管理制度、品牌等方面的优势，把最具科技园特色的科技物业管理模式输入到管理和服务中，以自己独特的“人性化”管理模式和丰富的科技物业管理经验，提供专业化、一体化、高品质、特色鲜明、性能价格比优越的全委托物业管理服务，博得客户的认可和好评，获得了“科技园物业是业界最好的管家”的称誉。

【关键概念】工业物业　物流园区

复习思考题

一、填空题

1.(　　)是指为人类的工业生产活动提供空间的房屋，包括(　　)和近年来发展起来的(　　)、相关的研究与发展用仓库等。

2.工业物业有的用于(　　)，也有的用于(　　)。

3.(　　)是指在一定区域内建造的，以(　　)，并配有一定的(　　)，(　　)和(　　)的地方。

4.工业厂房是(　　)，关系到(　　)。仓库是(　　)的场所，关系到(　　)等。

5.仓储系统布局设计，就是要把一个复杂纷乱的物流系统，通过枢纽的布局设计，改造成为(　　)的模式，枢纽就是以仓库为基地的配送中心。

6.一个物流园区，应该具备以下的服务功能，包括(　　)、(　　)、(　　)、(　　)、(　　)。

7.物流园区的功能定位以(　　)为基础，以(　　)为主业，以(　　)为配套，以(　　)为手段，以(　　)为依托。

二、单项选择题

1.一般来说，(　　)由于其设计需要符合特定的工艺流程要求和设备安装需要，通常只适合选定的用户使用。

A.轻工业厂房　　B.高新技术产业用房

C.重工业厂房　　D.仓库

2.仓储系统布局是(　　)设计，也是供应链设计的核心。

A.底层　　B.顶层

C.中层　　D.整体

3.(　　)可对区域内重大问题作出决策，并有权选聘物业管理企业进行统一管理。

A.各大业主　　B.物业

C.企业机构　　D.业主委员会

4.工业园以研发、生产产品为主要(　　)。

A.组成　　B.功能

C.服务　　D.运营

5.物流园运营时间基本是(　　)运行。

A. 全天候　　B. 白天
C. 较有规律　　D. 有一定间歇时间

三、多项选择题

1. 目前在国内各工业开发区流行的标准厂房，多为轻工业用房，有(　　)两种经营形式。

A. 出售　　B. 出借
C. 出租　　D. 无偿提供

2. 工业厂房的管理是最难管理的，主要因为有如下问题存在，即(　　)。

A. 公用地方及走火通道经常堆放杂物
B. 机器开支时的震荡噪音对环境产生滋扰
C. 厂房内储存易燃货物与材料多，火警危险性较高
D. 大多数工人素质较低

3. 仓储管理的内容应该包括三个部分，即(　　)。

A. 仓储系统的布局设计　　B. 库存最优控制
C. 仓储作业操作　　D. 仓储配送作业

4. 工业厂房与仓库的管理主要内容有(　　)。

A. 制定严格的管理制度
B. 加强对重点设备的公共设施及公共管网的管理
C. 完善工业厂房与仓库的消防保安管理
D. 工业区域的环境管理

5. 物流园与工业园的差别有(　　)。

A. 组成内容不同　　B. 功能不同
C. 服务对象不同　　D. 运营时间不同

四、判断题

1. 工业园区不同于一般厂房，但相同于标准厂房。(　　)
2. 园区规划往往要求突出科技发展要求，注重生活和环境质量，具有“体系完善、设计超前、思路科学”的特点。(　　)
3. 物业管理的现行模式是“统一管理、综合服务”。(　　)
4. 工业物业不同于居住物流那样，可以成立“业主委员会”。(　　)
5. 物流园最突出的特点是大量的人流、车流、物品流动、信息流动。(　　)

五、简答题

1. 标准厂房一般具有哪些特征？
2. 简述厂房和仓库物业管理的主要职能。
3. 简述物流园区的特点。
4. 简述仓库管理的任务。

第八章 DIBAZHANG

物业管理服务质量与评价

学习目标

- ☐ 理解物业管理服务的特点，熟悉提高服务质量的主要措施
- ☐ 掌握物业管理服务质量评价体系要点
- ☐ 理解物业管理企业推进ISO9002标准的意义，了解企业通过ISO9002标准应具备的条件
- ☐ 清楚物业管理企业推进ISO9002标准的基本要点和实施步骤

第一节 物业管理服务质量

一、物业管理服务的特点

（一）物业管理服务的社会化

物业管理服务的社会化是指物业管理服务将分散的社会分工汇集起来统一管理，诸如房屋、水电、清洁、保安、绿化等。每位业主只需面对物业管理企业一家就能将所有关于房屋和居住（工作）环境的日常事宜办妥，而不必分别面对各个不同部门，犹如为各业主找到了一个“总管家”，而对政府各职能部门来说，则犹如找到了一个“总代理”。业主只需根据物业管理部门批准的收费标准按时缴纳管理费和服务费，就可以获得周到的服务，既方便业主，也便于统一管理，有利于提高整个城市管理的社会化程度，以充分发挥各类物业的综合效益和整体功能，实现社会效益、经济效益、环境效益、心理效益的统一和综合改善。

提示：

物业管理服务是一种有别于以往房产管理服务的一种新型的管理模式，其管理具有社会化、专业化、企业化、经营型的特点。

（二）物业管理服务的专业化

物业管理服务是由专业的管理企业——物业管理公司实施对物业的统一管理，提供相应的物业管理服务。这种管理服务是将有关物业的各专业管理服务都纳入物业管理企业的范畴之内，物业管理企业可以通过设置分专业的管理职能部门来提供相应的管理服务业务。随着社会的发展，社会分工渐趋于专业化，物业管理服务企业也可以将一些专业管理服务以经济合同的方式交予相应的专业经营

服务公司。例如，机电设备维修承包给专业设备维修企业，物业保安可以向保安公司雇聘保安人员，园林绿化可以承包给专业绿化公司，环境卫生也可以承包给专业清洁公司。这些专门组织的成立，表明这一行业已从分散型转向了专业型。这种转型有利于提高城市管理的专业化和社会化程度，并能进一步促进城市管理向现代化的管理方式转换。

（三）物业管理服务的企业化

物业管理单位是企业单位，不是事业单位，也不具备政府行为职能。物业管理企业作为独立的法人，应按照《中华人民共和国公司法》的规定运行，不受任何干扰，政、事、企完全分离。因此，物业管理企业必须依照物业管理市场的运行规则参与市场竞争，依靠自己的经营能力和优质的服务在物业管理市场上争取自己的位置和拓展业务，用管理的业绩去赢得商业信誉。当然，物业管理企业在运作过程中还要处理好与有关部门，如街道、社区、公安、市政、公用、邮电、交通等行政或事业性单位的关系，以“物业”为中心，相互协调。这样就能使物业管理企业从管理上、经营上和服务上下功夫，为业主创造一个方便、安全、清静、整洁的居住和工作环境。

（四）物业管理服务的经营型

物业管理企业的服务性质是有偿的，即推行有偿服务，合理收费。物业管理的经营目标是保本微利，量入为出，不以高额利润为目的。物业管理企业可以通过多种经营，使物业的管理定于“以业养业、自我发展”的道路，从而使物业管理有了造血功能，既减少了政府和各主管部门的压力和负担，又使得房屋维修、养护、环卫、治安、管道维修、设备更新的资金有了来源，还能使业主得到全方位、多层次、多项目的服务。

物业管理服务是一种和房地产综合开发的现代化生产方式相配套的综合管理服务；是与随着住房制度改革的推进而形成的产权多元化格局相衔接的统一管理；是与建设社会主义市场经济体制相适应的社会化、专业化、企业化、经营型的管理。

二、提高物业管理服务质量的措施

提高物业管理服务质量应根据物业管理的特殊性（物业的管理服务是一项服务性强、内容跨度广、人员素质要求比较高的专业性工作）采取以下措施：

（一）宏观方面

政府应积极引导，规范竞争，既要营造竞争的环境，更要维护竞争的秩序。

1. 不断发展和完善物业管理市场媒介主体。建立和完善物业管理市场中介代理服务机构，形成规范的物业管理市场。政府应规定市场准入原则与招投标程序，鼓励中介代理机构建立市场供需双方的档案材料，发布供求信息，主持招投标与合同的签订与解除等等，保证物业管理市场活动的顺利进行；还要尽快建立适应新形势的物业管理市场仲裁机构，协助法院及时解决一些日常的市场纠纷。

2. 尽快建立健全物业管理市场法律法规。只有在健全的法律法规环境下，物业管理市场才会在竞争中健康有序的发展。行业协会可协助政府行政主管部门做好年检、资质、上岗证的审查工作，宣传行业的法规、政策，使物业管理工作深入人心。

3. 制订公布行业服务标准。通过实行分类分级制订管理服务标准。一方面，一个透明的量化和公开的行业服务标准能够成为业主、社会乃至政府监察物业管理的执法依据。另一方面，服务标准使物业管理的规范标准化，也使物业管理的公开、透明成为可能，使业主真正享受物业管理带来的舒适生活成为可能，并使物业管理企业的诚信成为现实。

4. 进一步提高业主对物业管理服务的认识。主管部门和新闻媒体要积极通过各种渠道宣传物业管理对居民的重要作用，提高广大业主物业管理方面的法律知识水平和住房付费观念。通过宣传使业主加深对物业管理工作的理解，提高业主对物业管理工作的责任感和主人翁意识，自觉支持、配合物业管理工作。

（二）微观方面

物业管理公司要大力开发服务品牌，以质量谋生存，靠服务求发展；大力开展延伸服务，做到对业主服务无极限，真诚到永远。物业管理公司要提高服务质量可以从两方面入手：

1. 硬件方面。

(1) 进行服务的有形展示。对于物业公司而言，有形展示（环境展示）可作为服务内涵的载体。通过某些相关的有形物体刺激业主的感官，传递服务特色和优点，使业主感受到无形服务给自己带来的好处和利益，从而获得业主信赖并建立企业声誉。为此可以在小区内增加健身器材，铺设健身路等等；同时也要注意公司标志的设计，一个好的设计可以给顾客一个好的印象。

(2) 及时通过质量认证体系。及时通过 ISO9000 质量认证体系，可以极大地提高物业管理公司的声誉，给业主和使用人以信赖感。国内一些较大、发展较好的物业管理公司都及时通过了此项认证。

(3) 充分利用网络技术。一方面可以建立 CRM（客户关系管理）系统，为小区每个业主建立相关档案，这样公司员工就能及时查询到相关信息。通过业主提出的服务需求为住户提供家庭钟点工、洗车上蜡等个性化特色服务项目；另一方面可建立自己的网站，进行 24 小时在线服务。这样，网站和 CRM 系统的建立拉近了公司与业主之间的距离，既掌握了顾客需求的动态，又提升了公司的服务能力，可以取得顾客满意和经营业绩双赢的结果。

2. 软件方面。

(1) 加强服务理念的管理。服务作为物业管理的唯一产品，是产品更是一种理念，正确的服务理念是提供优质服务的前提。客户在接受服务的同时，也接受了服务中所含有的情感和功用方面的某些利益，即物业管理企业所倡导的服务理念。现代物业的竞争就是理念的竞争，企业理念的交流与传播将成为衡量企业成功的决定性尺度。如“以人为本”、“全心全意为您”；“好保姆，好管家，好朋友”等理念在传播的实践中就收到了很好的效果。

(2) 以人为本搞好内部营销。①物业管理公司一定要保证高素质人才的流入，逐步实现物业管理人员凭执业证书上岗的制度。同时也要积极开展岗前培训和后继教育等。②建立客户服务质量评价体系，规范绩效考核制度。对任何物业公司而言服务品牌的创立过程，实质上也是员工的工作品质被鉴定和被承认的过程。所以应积极开展绩效考核评价工作，促使广大员工积极广泛参与QC小组等活动。③应积极开展“创新创效”等活动，对于员工提出的创新性的合理化建议应及时采纳。

(3) 建立以客户为中心的营销、服务体系。应当时刻坚持以业主利益第一，用户满意第一为标准。①物业管理涉及领域相当广泛，因此，要以市场需求为导向，通过市场细分和开发新的服务项目，提供更多的真正受业主欢迎的服务。②要树立诚信的形象，在与用户沟通的时候，不能夸大其词，同时亦要确保承诺的可实现性，与业主建立多种沟通渠道，树立双方长期和谐依存的信心。③要用情用心为客户服务，在服务的细微之处动之以情、晓之以理，将热情、友情、亲情落实于整个管理服务过程。真正树立起全心全意为业主服务的思想，脚踏实地为业主或使用人做好实事。

总之，服务是物业管理公司的生命线、生存线和发展线。任何物业管理都必须本着“业主至上，服务第一”的服务宗旨，才可能真正为业主们提供一流的服务，才可能不断提高自己的服务质量。通过企业、政府、业主个人的共同努力，物业管理服务最终能够实现有效配置。

第二节 物业管理评价

一、物业管理评价的内容

物业管理是一项以服务为本质，以管理体现服务的工作。作为业主和客户，谁都希望聘请到高水平的物业管理公司，享受货真价实的优质服务。应该说，好的物业管理主要体现在以下十个方面：

1. 服务态度——热情。物业管理属服务性行业，服务的对象是人，所以在服务中要一切从“以人为本”这个基本原则出发，管理公司的员工应发自内心为业主、客户热情服务，做到文明礼貌、语言规范、谈吐文雅、遵时守约、衣冠整洁、动作雅观、称呼得当。

2. 服务设备——完好。硬件设施的完好运行是实现高水平物业管理的先决条件。物业管理中的服务设备包括房屋建筑、机器设备（如空调、电梯）、卫生设备、通讯设备、交通工具、电器设备等。对这些设备要使之始终处于完好状态，保证使用。

3. 服务技能——娴熟。服务技能是物业管理从业人员在服务管理中应该掌握和具备的基本功，如工程人员应具备过硬的设备维护技术，保安人员应具备过硬的治安消防本领，管理人员应具备丰富的管理知识和专业知识。

4. 服务项目——齐全。在做好物业管理综合服务所包含的必要内容之外，物业管理公司还应努力拓展服务的深度和广度，使业主、客户享受到尽善尽美的服务。

5. 服务方式——灵活。物业管理除了做到规范管理、依法管理外，还应设身处地地为业主、客户着想，努力为业主、客户提供各种灵活的服务方式，尽可能在办事手续、营业时间、服务范围等方面给业主、客户提供方便。

6. 服务程序——规范。服务程序是指服务的先后次序和步骤，它是物业管理重要内容之一。如电话接听程序、设备操作程序、装修审批程序、清洁程序等都要严格按次序一项接一项、一环扣一环，紧急情况处理程序则能体现在事故隐患中能有效、及时进行处置，保证业主、客户人身安全和物业财产安全。

7. 服务标准——统一。服务标准是物业公司保证服务水平的具体表现。如礼仪标准、入室清洁标准、入室维修标准、绿化标准等，从中体现出物业公司从业人员待人接物和工作要求的一致性以及展现给业主清洁美观的卫生环境等。

8. 服务收费——合理。物业管理属有偿的服务行为，但物业管理公司制订的综合服务收费标准应不高于政府规定的收费标准；物业管理公司开展的特约服务和便民服务也应以满足业主、客户需要为目的，不可乱收费或收费多服务少等。

9. 服务制度——健全。物业管理应制定并健全一整套规范、系统、科学的服务制度，以确保为业主、客户提供稳定的服务。

10. 服务效率——快速。服务效率是向业主、客户提供服务的时限，管理公司应尽量提高员工素质，减少工作环节，缩短办事时间，提高服务效率。

二、构建物业管理质量评价体系的基本原则与架构

（一）构建物业管理服务质量评价体系的基本原则

1. 物业管理质量评价体系应该具有广泛的适应性。物业类型的多样性、业主（住户）对物业管理要求的多样性以及物业管理方式的多样性，决定了物业管理服务质量的多样性。因此，物业管理质量评价体系须具有广泛的适用性和灵活性，可以针对单项的物业管理服务内容进行评价，也可以针对单个的服务项目做出评价。物业管理质量评价的主要对象不应该简单地局限于宏观的物业管理项目，而应该深入到物业管理活动的主要服务内容、服务项目之中。

2. 符合实际，构建物业管理质量评价体系必须符合物业管理实际，业主、物业管理企业、政府行政主管部门等都能接受，一些基础性项目、国家法律、法规、规范明文规定的项目，在评价体系中作为强制性要求，不能达到的则服务质量不合格；而一些选择性项目、国家没有强制要求的内容，可以具有选择性，制订不同服务等级、不同侧重点的服务标准。

3. 该评价体系应满足直观易用的要求。

（二）物业管理质量评价体系基本框架

由于物业管理质量评价体系针对的不是某个特定物业管理小区，各种物管项

提示：

以往的分等级服务标准或者收费标准往往简单地对物业管理服务制订不同的服务标准，对服务内容、服务项目甚至服务设施都作了严格的要求，其适用面往往局限在物业管理项目，缺乏必要的柔性，这也是其缺乏可操作性的主要原因。

目硬件设施、配套设施、服务要求、管理服务的侧重点各不相同，因此针对物业管理质量评价的对象不应该是宏观的物业管理，而应该是物业管理活动的具体工作项目和内容。应该对物业管理工作进行结构分解，将结构分解的结果作为物业管理质量评价体系基本框架。

1. 将物业管理质量评价体系划分为住宅区、工业区、商业区、写字楼、医院、学校、市政设施、公共街道、机场、码头、旅游区等等针对不同管理区域的质量评价体系，不同物业管理区域对物业管理的要求不同，侧重点不同，质量评价标准也不同。

2. 根据物业管理中具体工作内容进行结构分解，如住宅区物业管理可以具体分为房屋设施设备维修养护运行与管理、安全护卫、园林绿化养护与管理、车辆管理、消防管理、清洁卫生管理等；每项物管工作内容又可以继续细分，如清洁卫生管理又可以细分为室外道路清洁保洁，楼梯道保洁，电梯及电梯厅保洁，共用车库保洁，街心花园、广场、绿化带的清洁、保洁，儿童娱乐设施保洁休闲座椅保洁，地下管井疏通化粪池清理，标识、宣传牌、雕塑装饰物、假山、亭、廊、雕塑等建筑小品、喷水池、人工湖清洁，环卫设施的保洁、建筑外立面保洁，室内保洁等等。制定质量评价体系应该针对工作结构分解的内容，对物业管理的服务过程分别制定不同的评价指标。

三、确立物业管理质量评价体系的各项评价指标

（一）调查了解住户或业主的对物业管理的要求

通过现场实地调研、问卷调查和座谈会等多种形式了解当前物业管理的开展状况、业主对物业管理的满意程度及相关要求，确立对不同地区、不同类型、不同档次、不同住户群的物业管理项目对业主或住户而言重要的、需要的、具体的、可测量的、并能够控制的评价指标。考察这些指标在物业管理企业的实际可操作性，使这些指标符合物业管理的科学性要求。

（二）确立物业管理质量评价指标

对物业管理服务质量有影响的主要内容分别制定不同等级的服务标准，对影响服务质量的主要因素进行细化和量化，形成物业管理质量评价指标。对服务质量有影响的主要因素包括以下四方面：

1. 物业管理服务的人员和物质资源。物业管理服务是以提供管理、技术和劳务这种"活"劳动作为其存在的形式，无法采用储存的方式来及时满足市场的需求。因此，为了及时满足业主或住户的需要，确保物业管理服务的质量，从事物业管理服务的企业必须具备必要的人员和物质资源。

2. 业主或住户在享受物业管理服务过程中出现的等待时间、提供时间和过程时间。从顾客的角度出发，在享受服务过程中都希望等待的时间短、提供服务的时间及时。

3. 物业管理服务的卫生、安全性、保密性和可靠性。物业管理服务作为商品的使用价值在于它能满足业主或住户的需要。如果业主或住户在享受服务过程中无法得到卫生安全性、保密性和可靠性的保障，物业管理服务的质量便无从谈

起。

4. 在提供物业管理服务过程中所表现出来的应答能力、方便程序、礼貌、胜任程度、信用和有效的沟通联络等。

【案例阅读】

多家高资质物管公司服务质量评分得“差”

日前，北京市消协首次发布对全市住宅小区物业管理状况的调查报告。此次调查采取问卷方式，对全市18个区县住宅小区内进行了随机抽样调查。调查内容的设定主要依据《物业管理条例》，同时还参考了部分业主对居住环境的要求和意见。本次调查共涉及100个居住小区和99家物业管理公司。

在被调查的99家物管公司中，有9家被70%以上的业主评价为“好”。有7家被50%以上的业主评价为“差”。在这些被业主评价为物业管理“差”的物管公司中，有数家公司为二级资质物管公司，其中还包括一家正在进行一级资质公司评定工作的企业。

（一）资质仍是选定物管公司的重要参考

物管公司资质等级在一定程度是鉴定其管理服务能力和水平的标准之一，同时也是物管公司接管物管项目及进行招投标的主要考核指标。但从目前实际情况来看，有些物管公司虽然获得了较高级别的管理资质，但其管理服务水平、管理服务能力却与其行业评定的资质不相符。

物管企业资质等级的评定是由物管公司主管部门对企业管理服务等级的一种考核评定，其初衷是为了加强对物管公司的监督管理，规范物业管理市场的秩序，提高物业管理服务水平。物管企业的资质等级评定主要涉及到对企业注册规模、管理服务物业类型、管理技术服务人员以及企业管理制度和标准等方面的要求。物管企业的资质等级在一定情况下就是一个企业的管理服务能力和水准的体现，虽然在进行物管企业资质评定过程中更多考量的是硬性指标，但总体来讲，现实生活中，物管企业管理服务物业的面积的数量和其专业技术人员的数量与企业的管理服务能力是成正比的，因此在对一个物管公司管理服务能力进行评定时，资质等级依然是主要的参考要素。目前业委会在进行小区物管公司招投标时，对物管公司资质等级的要求一般都很严格。

（二）资质评定也应考虑业主的意见

大量因物管服务质量问题而引发的业主维权事件表明，一些物业管理资质达到二级甚至一级的物管公司也同样因管理服务质量差而遭到业主投诉。某物业公司就已取得二级资质，但却发生过物业管理人员殴打小区业主的恶性事件。这说明行业资质等级高并不意味着其管理服务水平也高。

由于目前还未建立起一套完整的物管公司管理服务质量评价体系，所以物管公司的资质等级在一定程度就代表了该公司物管服务水平。就目前而言，物管企业资质等级的评定主要依据一些可直接量化的硬性指标，如管理服务物业的类型和面积数量的多少等，但对于一些物管公司的软性指标，如管理服务的质量和能力、业主的满意程度等方面的标准及考核却很不明朗。

也有业内人士认为，物业管理是一个服务行业，物管公司的服务质量在一定程度上比其管理规模和注册资金更重要，物管公司的服务对象是广大的业主，所以其管理水平如何，管理资质能不能达到较高等级更应参考业主的意见。

参与调查表明，对物业管理公司的资质进行评定，除了参考建委规定的行业管理标准外，还应考虑加入业主对企业管理服务水平的评价。同时还可以把一定区域范围内接受该物管公司服务的业主反映的情况，通过数字或其他形式表现出来，作为考核要素之一。即使一个物业公司的注册资金很多、实力很强，但服务水平却较低，这样的企业是否继续授予它较高的资质，确实是一个值得研究的问题。如果一个公司管理水平、员工素质和社会评判不高，这比资质低更应成为企业的硬伤。

【关键概念】物业管理服务质量　物业管理评价体系　物业管理评价标准

复习思考题

一、填空题

1. 物业管理服务是一种和(　　)的(　　)综合管理服务。

2. 服务是物业管理公司的(　　)、(　　)和(　　)。

3. 物业管理企业在建立(　　)，选用 ISO9002 (　　)、(　　)和(　　)的保证模式标准是比较适宜的。

4. 在选择认证机构时，一般应考虑认证机构的认证范围和证书的(　　)、原则上(　　)、(　　)。

5. 正式审核一般由(　　)并经申请单位确认后进行。正式审核通过后，一般在(　　)认证机构颁发认证证书。

6. 质量体系文件编制是物业管理公司实施 ISO6002 质量保证模式标准的(　　)、(　　)的工作。

7. 质量体系文件的策划是(　　)的(　　)，质量体系文件策划工作做好了，往往会收到事半功倍的结果。

8. (　　)是阐明企业质量方针，系统描述一个企业所有(　　)的概述性文件。

9. 质量手册的主要目的是规定质量体系的(　　)，因而是实施和保持该企业质量体系时应长期遵循的(　　)。

二、单项选择题

1. 质量体系文件是质量体系的(　　)，是一个企业质量体系的文字描述。

A. 软件部分　　B. 硬件部分

C. 技术部分　　D. 检验部分

2. 质量体系文件是一个金字塔的形式，作为塔尖的第一层次文件是(　　)。

A. 程序文件　　B. 质量手册

C. 指导文件书　　　　D. 质量记录

3. (　　)是对哪些影响质量的活动进行全面策划和管理的所有基本文件。

A. 质量体系程序文件　　　　B. 质量记录

C. 质量手册　　　　D. 质量方针

4. (　　)是指服务先后次序和步骤，它是物业管理重要内容之一。

A. 服务项目　　　　B. 服务方式

C. 服务程序　　　　D. 服务标准

5. (　　)是一种指导企业的员工如何做好规定的质量活动的质量文件。

A. 质量手册　　　　B. 作业指导文件

C. 质量记录　　　　D. 质量文件

三、多项选择题

1. 物业管理服务的特点有(　　)。

A. 社会化　　　　B. 专业化

C. 企业化　　　　D. 经营型

2. 提高物业管理服务的措施有(　　)。

A. 宏观方面　　　　B. 微观方面

C. 硬件方面　　　　D. 软件方面

3. 物业管理企业实施 ISO9002 质量保证模式标准主要有(　　)阶段。

A. 前期准备阶段　　　　B. 组织实施阶段

C. 内部运行阶段　　　　D. 认证审核阶段

4. 质量手册一般可规定以下基本内容(　　)。

A. 企业的质量方针

B. 企业的组织结构及其质量职责

C. 质量体系要素的基本控制程序

D. 质量手册的管理办法

5. 质量体系文件编制的策划过程为 (　　)。

A. 结构的策划　　　　B. 格式策划

C. 内容的策划　　　　D. 文件策划

四、判断题

1. 物业管理的经营目标是保本微利，量入为出，以高额利润为目的。(　　)

2. 物业管理的一项以服务为本质，以管理体现服务的工作。(　　)

3. 在证书有效期内，认证机构的监督审核，一般是一年两次，每次监督审核的范围一般是质量体系的某些要素而非全部。(　　)

4. 物业管理企业资质在一定程度是鉴定其管理服务能力和水平的标准之一，同时也是物业管理倾情接管物业管理项目及进行招投标的主要考核指标。(　　)

五、简答题

1. 好的物业管理主要体现在哪些方面？
2. 简述确立物业管理质量人评价体系的各项评价指标是什么。
3. 简述物业管理实施ISO9002质量体系标准的意义主要表现在哪里。
4. 简述物业管理实施应注意的问题。
5. 选择咨询机构时，应特别注意哪些方面？